CATHAY

JAGUAR

NAVIGATOR
Nikon

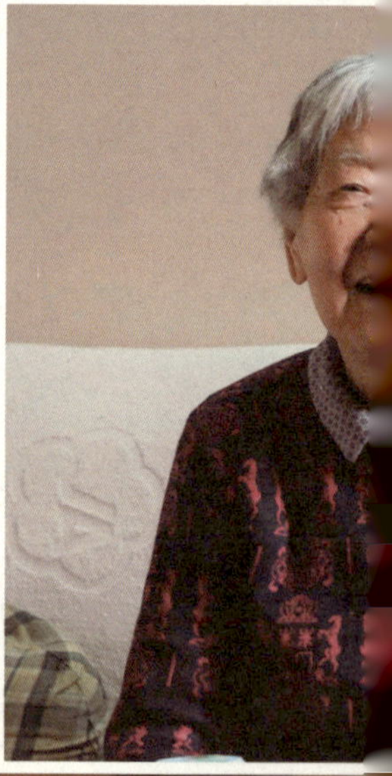

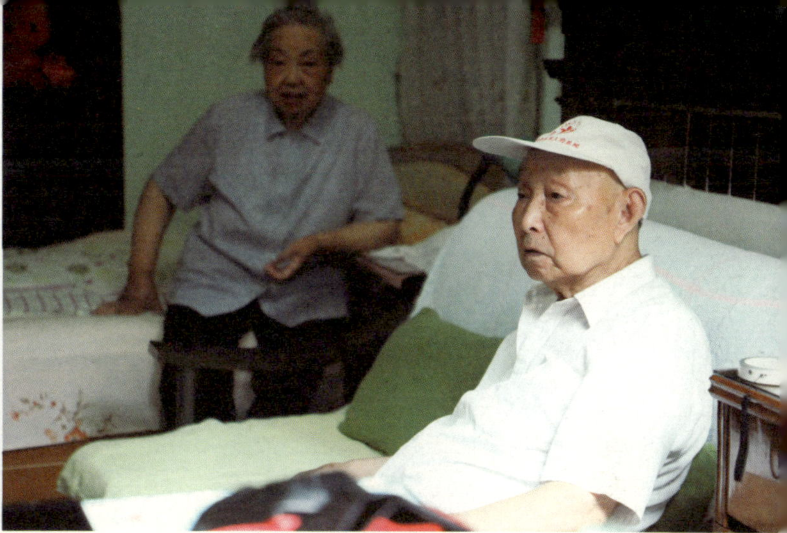

图书在版编目(CIP)数据
黄浦·永不褪色的红色记忆／上海市黄浦区档案局(馆)，
中共上海市黄埔区委老干部局编.
上海：同济大学出版社，2020.9
ISBN 978-7-5608-9441-6
Ⅰ.①黄… Ⅱ.①上… ②中… Ⅲ.①革命史－黄浦区 Ⅳ.①K295.13
中国版本图书馆CIP数据核字(2020)第153116号

黄浦·永不褪色的红色记忆
上海市黄浦区档案局(馆)
中共上海市黄浦区委老干部局 编
主 编 华 骏 李国球
副主编 黄凤芳 蒋 璐 陈瀚波
出版策划 萧霏霏(xff66@aliyun.com)
责任编辑 陈立群(clq8384@126.com)
视觉策划 育德文传
内文设计 昭 阳
封面设计 昭 阳
电脑制作 宋 玲 唐 斌
责任校对 徐春莲

出 版 同济大学出版社www.tongjipress.com.cn
发 行 上海市四平路1239号 邮编 200092 电话 021-65985622
经 销 全国各地新华书店
印 刷 上海锦良印刷厂
成品规格 170mm×213mm 192面
字 数 180 000
版 次 2020年9月第1版 2020年9月第1次印刷
书 号 978-7-5608-9441-6
定 价 78.00元

黄浦

永不褪色的红色记忆

上海市黄浦区档案局(馆)
中共上海市黄浦区委老干部局 编
主 编 华 骏 李国球
副主编 黄凤芳 蒋 璐 陈瀚波

同济大学出版社

目 录

序 言

黄浦，一片有着深厚红色底蕴的热土。中国共产党在这里诞生，开创了中国历史新篇章；中国共产主义青年团在这里发源，学生运动蓬勃发展；五卅运动在这里爆发，革命浪潮席卷全国；《义勇军进行曲》在这里唱响，抗日军民斗志昂扬；上海第一面红旗在这里升起，人民喜庆解放。

黄浦，承载着光荣与骄傲。在风起云涌的历史转折期，许多有志青年投身革命事业，舍生忘死，英勇奋斗，为解放上海和建设新中国做出了贡献，留下了大量可歌可泣的事迹。对这些红色史料的发掘、整理和保存，是档案馆“为党管档、为国守史、为民服务”的核心职能，也是黄浦档案人的初心与使命。

近年来，黄浦区档案局(馆)深入贯彻实施“开天辟地——党的诞生地”发掘宣传工程，与中共黄浦区委老干部局等部门合作开展“红色记忆·口述档案”项目，以口述史方式发掘、采集、留存上海解放和新中国成立前后学习、工作、生活在黄浦的口述者音视频资料，追忆入党前后的经历，记录革命工作中的难忘经历，多维度展示了上海解放和新中国成立初期的场景。

2019年初，黄浦区档案局(馆)集各方之力，组织成立口述项目采访组。自3月起，对18位离退休老人集中上门开展口述采访，同步采集和征集口述者的照片、信函、奖状、题词等。至8月初采访结束，采访组共采集到口述视频135个，录音23段，照片2 600余张，总容量约285GB。随后，整编人员历时4个月，对口述内容、照片等进行整理校核，现汇编成

黄浦区档案局(馆)长华骏向口述者刘德懋献花后合影

《黄浦·永不褪色的红色记忆》出版。

本书中的18位口述者均为上海解放前参加工作和革命的高龄老人，最年轻者84岁，最年长者100岁。他们或作为学生参加了示威游行，或作为工人拿起了斗争武器，或投身部队直面敌人的刀枪，透过口述者的经历，亦可见他们与黄浦深厚的渊源。

“红色记忆·口述档案”项目的顺利实施及本书的出版，进一步丰富了黄浦区档案馆馆藏红色资源，为研究黄浦红色文化抢救了珍贵的档案史料。下一步，我们将继续推进红色资源的发掘和宣传工作，用心讲好党史、新中国史、改革开放史和社会主义发展史，努力传承好黄浦红色文化，擦亮黄浦红色名片，用更多更优质的档案编研成果向中国共产党建党100周年献礼。

编 者

2019年11月

从启蒙到追求

周起渭

采访时间：2019年3月22日、3月29日

周起渭，1925年10月出生，浙江鄞县人。1933年起，浙江省宁波市翰香小学、浙江省立宁波中学学习。1941年8月起，上海伟达钟表行店员。其间，在上海第四中华职业补习学校、知行夜校、第一中华职业补习学校学习进修。1947年5月加入中国共产党。上海解放后，在临时联合救济会沪西南区中心站负责调查、救济、遣返和动员难民回乡恢复生产。1949年8月，任中国人民解放军上海市军事管制委员会卢家湾区接管委员，负责联系全区小学。新中国成立后，任卢湾区人民政府副科长、财政经济委员会委员、区工商联副主任秘书、区委统战部副部长、上海工商界政治学校第五分校副教务主任、区社会主义学院教务室主任、区政协副秘书长，区革委会统战组副组长、区统战部部长、区政协副主席。1990年离休。

井底蛙走向新世界

我的老家在浙江宁波鄞县西樟村，1937年抗战全面爆发时，我正就读于樟村彰德小学五年级。翌年，侵华日军飞机轰炸宁波，市民纷纷逃进山区避难，宁波市翰香小学也避迁入樟村，以药王殿为校舍。山区里来了“洋学堂”，我因此插班进入该校就读六年级。

翰香小学的到来，给以往平静的山乡注入了生机和活力，我也像井蛙跳出井口，视野大开。“枪口对外，齐步前进，不伤老百姓，不打自己人”“牺牲已到最后关头，拿我们的血

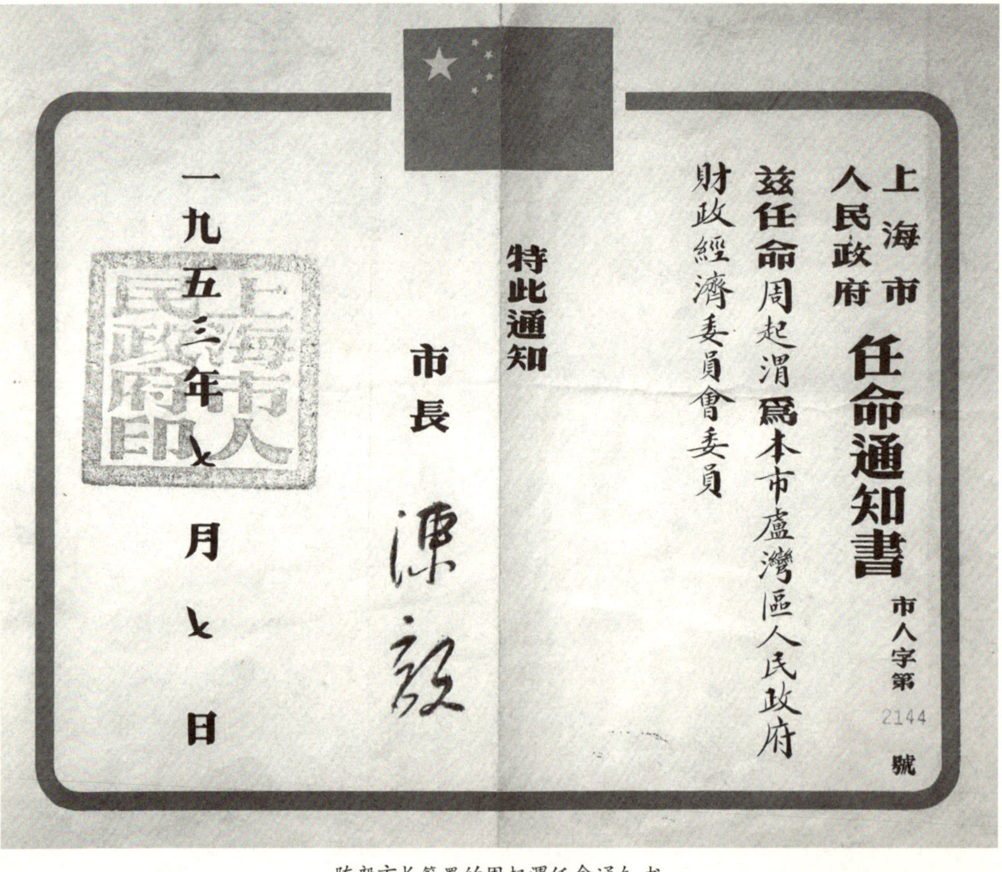

上海市人民政府 任命通知書 市人字第2144號

茲任命周起渭爲本市盧灣區人民政府財政經濟委員會委員

特此通知

市長 陳毅

一九五三年七月七日

上海市人民政府印

陈毅市长签署的周起渭任命通知书

和肉，去拼掉敌人的头……”那些由校长和老师所教唱的抗日救亡歌曲从课堂飞向田野，四处传唱，激奋人心。校长应斐章不仅在学校晨会上宣传抗日救亡斗争，而且经常站在校外高地讲解抗战形势与时局变化，村民们驻足围听，纷纷好评。应校长又提出并发起成立“垦荒团”，组织青壮农民上山垦荒、盖房、储粮，还准备在日军入侵时进山打游击。

1939年清明，宁波学生宣传队步行来山区宣传，发动抗日救亡斗争。老师范伊尘介绍我认识该宣传队领队黄性文，他发给我一枚刻着“樟村儿童抗日救亡协会”字样的印章，并让我担任队长。我便与同学们到各个自然村为“黄泛区”灾民募捐，向村民收集废铜烂铁支援前线，办村口宣传栏。

校长和老师都是进步人士，我受到他们的教育和影响。当时，校长还邀请本乡崔岙山

1939年秋省立宁波中学报名照，是周起渭第一张照片(摄于省立照相馆)

1949年周起渭任中国人民解放军上海市军事管制委员会卢家湾区接管委员，左胸佩戴的是接管委员会徽章

1949年10月8日，为庆祝中央人民政府和中国人民政治协商会议成立，上海市举行60万人游行。卢家湾区政协游行队伍在广慈医院草地(今瑞金医院)集合

人崔晓立来授课，他是中共党员，曾与蒋经国一起留学苏俄，还在杭州坐过牢。崔老师给我们上了生动的一课，从人类原始社会讲到社会主义社会、共产主义社会的历史发展，就这样“共产主义”这四个字印记在了我幼小的心灵之中。

记得张守渝老师教的国文课很生动，他在讲解由学校油印的鲁迅短文《秋夜》时，还叙述了鲁迅弃医从文以及为人刚正不阿的故事，连带介绍了鲁迅先生的名著《狂人日记》《阿Q正传》等。课后，张老师又请范伊尘老师教我们学唱悼念鲁迅先生的挽歌：“太空里陨落了一颗巨星，黑暗中熄灭了一盏明灯……”。在此之前，我原来连鲁迅的名字也从未听说过。通过这一课，我对鲁迅的印象极其深刻，始终铭记

衛世界和平

1949年10月8日，为庆祝中央人民政府成立和中国人民政治协商会议召开，上海市举行60万人游行。周起渭在游行队伍中(金神父路，今瑞金二路)

于心。

校内设有图书室，里面有许多我没见到过的书，其中有一本《穷儿苦狗记》，使我边看边流泪。此外，老师们也把自己订阅的报刊和藏书都拿出来，鼓励我们一定要多读书，不断拓宽自己的文化知识面，引导我们今后走正确的人生道路。所以，我很小就接触到了《论持久战》《八月的乡村》《萍踪寄语》等，也读过萧军、萧红等人的著作。特别是斯诺写的那本《西行漫记》让我印象最为深刻，看到书中那位头戴红军八角帽、年纪与我相仿的山西娃娃的笑脸照片，更使我心神向往。

参加学生进步组织

我在翰香小学读书时间虽然短暂，但对我今后人生道路走向的影响却是至深至远。

之后，我进入宁波中学附小续读半年，于秋季取得毕业证书，终于圆了自己的升学梦。然而，我考上了省立宁波中学后没多久，适逢沪抗沦陷，浙东临危，学校远迁嵊县。当时学规较严：男生一律剃光头，女生蓄发不得过耳，穿校服，佩校徽，扣上风纪扣。晨起吹号，15分钟整理内务，被子必须叠成四方并显棱露角。由于新校舍所处环境恶劣，生活艰苦，营养不良，加上疥疮、疟疾流行，我得了夜盲症和疟疾，时常半夜惊醒，精神沉闷，整日忧心忡忡：这逃难的日子何时到头？在黑暗中何时才能重见光明？

所幸在这段异常困难的日子里，学校进步组织对学生很关心。其间，经介绍，我秘密参加了“学生周刊社”和“读书会”等进步学生组织。我接受共产主义革命理想启蒙教育由当初翰香小学开始，渐渐不断深化。由于当时能看到的进步书刊很少，因此组织上要求大家将各自的书刊集中起来保管，以扩大阅读面并加速流转，我遂将十余本进步刊物全都捐出，并结识了时任中共地下党嵊西区委书记周列平(又名周肖文)和中共地下党员应志奋。

逃离家乡 赴沪谋生

1941年4月19日深夜，传来日军向嵊县进攻的消息，我跟着校部转移至附近山村躲避。当地同学纷纷离去，我怕学校继续内迁，更牵挂老家父母的安危，决定忍痛放弃学籍，与另一名同学结伴，抄山路从会稽山再越四明山，日行百里，第三天回到老家。此时炮声隆隆，十公里外鄞江桥镇已被日军占领。同年5月底，日寇一路烧杀抢掠，进山占村，我的家乡沦陷。因樟村不产粮，米价飞涨，生活困顿，一家人仅以玉米糊果腹，也难以为继。摆在我和村民们面前只有一条路：到上海去投亲，求业打工，以谋生计。

1941年8月，沪甬间交通全断，我与十余名同村人一起，绕道慈溪，在庵东趁黑夜登上木船，渡海到闵行登陆，再转乘小火轮，几经周折，由外滩进入上海租界，在堂叔的钟表店里当一名学徒。我堂叔的钟表店是家“坐庄”，主要业务是给西北、西南地区的同行采购，寄购货源，人员很少，仅有一个账房先生和三个学徒。堂叔平时对我们要求很严，但业余较宽松，还鼓励学徒上夜校补文化，学费允许报销。在堂叔的照顾下，虽然我得以勉强糊口，但终日在为生计四下奔波。

1956年，周起渭参加上海市工商界政治学校第五分校国庆大游行活动

1941年12月，太平洋战争爆发，一夜之间日军占领了所有的租界，形势更加严峻，孤岛上海租界也处于日寇铁蹄之下，民不聊生，苦难深重。当时上海租界当局规定：国产米不论数量多少，一律严禁运入租界。居民口粮配给“户口米”，于是米价杂粮价疯涨，就连买玉米粉也要手拎布袋排队。当时规定，大米4升、面粉10市斤、豆类5升以上不准带入市区，查出要处死。我寒冬腊月天不亮就得起来，在米店长蛇阵里排队等开门。人潮拥挤，有时候好不容易终于排到时米已售罄，只能空手而返。

加入党组织

当亡国奴的日子使人精神上极为苦闷，生活上的艰难困苦并没有压垮我。一次偶然的机会，发现大马路(今南京东路)慈淑大楼(今悦芸广场)里有个新亚图书馆，里面有很多藏书原是史量才图书馆的，其中还有大量进步书籍。我喜出望外，从此利用前后约两年多的业余时间，在那里读到了鲁迅、茅盾、巴金、丁玲、高尔基等人的文学著作和中国社会发展史料。而后，我又发现吴江路上的苏商时代出版社，供应《时代日报》《时代》《苏联文艺》和《丹娘》《卓娅和舒拉的故事》等革命文学作品。当年苏联红军全线反攻合围柏林时，图书馆里还挂出地图，以小红旗标出战况，我常驻足观看。记得1945年5月，德国法西斯投降后，我还前往苏侨俱乐部观看过影片《战后晚上六点钟》，银幕内外群情激奋。

1945年8月日本宣告无条件投降，举国上下一片欢腾，上海的大小马路上鞭炮声四起。但是，对抗战胜利的喜悦和对国家美好前途的憧憬还没持续多久，国民党的“接收”变成了“劫收”，“五子登科”群魔乱舞，令人大失所望。腐败的国民党反动当局弄得民不聊生，洋货倾销，工厂倒闭，工人失业，物价飞涨，一时间内战阴云密布。而从老家传来的噩耗令我更加震惊：当年曾给我上过课的中共党员崔晓立老师、投奔革命的高中部同学徐会庆(徐婴)皆被国民党反动派杀害，还有几名同校师生生死未卜、下落不明。所有这些，再次激起了我对解放区的向往，萌发了参加推翻反动黑暗统治革命斗争的愿望。

此时，各类进步书刊开始涌现在市面上。在报摊上就可买到《展望》《周报》《文萃》《群众》等杂志。林森中路(今淮海中路)开了生活书店，更有许多反映解放区情况的书刊与文学作品，还有不少马列主义理论著作。我现在还记得，当时在一本书上看到这样一句话：“一个人在青年时代没有革命的理想和激情，革命就和他无缘。”这句话对我启发很大，使我进一步认识到：真理和正义在共产党一边，中国革命的前途与希望只能寄托于中国共产党。

1947年初，在堂叔的帮助下，我又进入牛庄路第四中华职业补习学校(储能中学旧址，今上海市商贸旅游职业学校)进修，在那里结识了同学钱德镛，成为知交。我俩常同去八仙桥青年会活动，听校长孙起孟和陈巳生、林汉达、陶行知等作报告，并一起参加了上海人民“反饥饿、反内战、反迫害”示威大游行。

有一天，钱德镛对我说，有个朋友从解放区来，想不想见他？愿不愿意参加一个组织？我当即表示十分愿意。他笑着向我亮明了其中共党员的身份，指点我申请入党的手续。

周起渭向黄浦区档案馆捐赠的解放前进步刊物

1947年5月，我被正式批准为中共党员，同时被重点交代必须严格执行党内纪律。在此后一年中，领导我的上级并不固定，前后有变动，他们是：方善镅、戚原、卢栋华、周宝训和俞正平。

执行革命任务

1948年2月，接到党组织交给我的第一个任务，是进入成都北路知行夜校学习。同时前来的还有戴辉、卢秉群、李宜球三位中共地下党员，凭事先约定接头暗号和地点相互认识。我们一起在同学间广交朋友、建立友谊，并发起成立学生会，开展文娱活动，培养进

中国人民解放军上海市军事管制委员会卢家湾区接管会干部合影，左起：周起渭、王融明、杨坚志

步青年，发展党的外围组织。适逢上海申新九厂工人罢工，当局出动千余军警弹压，造成数十名工人死伤，酿成震惊全市的申九“二二”惨案。我们写文章、出墙报，积极声援工人罢工运动，从中发掘、培养、团结了一批学生运动积极分子和社会进步人士。

1948年秋，我奉命撤出那家夜校，进入华龙路(今雁荡路)第一中华职业补习学校(校长黄炎培)开辟新阵地，继续开展中共地下斗争。

1948年4月上海电力公司王孝和同志被捕后，上级领导通知我们，约定紧急应变信号：若有人无端送文具等杂物上门就是警报，应立即隐蔽。不久后，随着中共地下党员周宝训在利群书报社事件中不幸被捕，上级领导要我们立即停止活动，组织联系也暂告中断。我们最后一次接头地点是在汾阳路上的普希金铜像前，互相鼓励要保持中国共产党人的气节并坚信革命胜利会最终到来，随即转入地下隐蔽。

1949年初，我与上级党组织领导俞正平恢复了联系。4月23日，南京解放。4月底，我接到上级通知：立即放下手头工作，全力以赴迎接上海解放。就这样，我按照党组织的要求，寻找借口脱身，离开了已经从业八年的堂叔钟表店，转入新的革命工作。

组织游行队伍

1949年5月中旬，上海市区已听闻隆隆炮声，解放上海战役开始。按照上级布置，我和同伴们向国民党军、警、宪、特人员投函攻心，要他们停止作恶、立功赎罪，保护好文件档案；向企业主散发宣传品，宣传我党的经济政策和人民解放军的《约法八章》；收集区域内碉堡街垒、驻军仓库等分布情况，绘画制图上报。此外，还购置了警笛、电筒、木棍等应急用品，并赶制了彩旗、红星、纸花、标语等物，全部放在自己租的亭子间内。

1949年5月24日，我在原南市区静修路上的钱德镛同志家中亭子间借宿过夜，当晚在晒台上可见上海浦东方向有红色信号弹升空，远处还不断传来枪声。天亮时，我还在熟睡中，突然被阵阵敲门声惊起，钱德镛同志兴奋地相告："解放军进市区了！"我急忙赶回家取物，途经老西门，见几名解放军战士手握钢枪，身背数支缴获的步枪，从复兴中路自西往东走来。在中正东路(今延安东路)浦东大楼前停着一辆坦克，人去车空。我看见嵩山路国民党上海警察局门前，升挂着一面白旗。我还看到成都北路上有支解放军部队正往北挺进，他们虽然遭遇盘踞在新闸路口东首高楼大厦里的国民党残余守军负隅顽抗阻击，但仍冒着枪林弹雨，个个勇敢无畏地跃过马路，不顾一切朝着苏州河方向冲去。我家弄堂口已有解放军战士在持枪站岗，不少居民群众前去送馒头和开水，均被一一谢绝。我取了需用的物件后，赶往规定地点——复兴中路上的国立高级机械职业学校(原上海电影院对面，今上海理工大学)集中报到。此后数日，我和同伴们一起上街，忠实执行了中共上海地下党斗争组织所下达的"人民保安队""人民宣传队"的任务。

周起渭向黄浦区档案馆捐赠的水杯

1949年5月27日，上海各界市民纷纷走上街头，庆祝上海解放。这一天，我奉命组织起一支“人民宣传队”，沿着林森中路(今淮海中路)行进，高举红旗，敲锣打鼓，扭起秧歌，高唱革命歌曲——“解放区的天是明朗的天，解放区的人民好喜欢，民主政府爱人民呀，共产党的恩情唱不完……”嘹亮的歌声四处回荡，在第一时间迎接人民子弟兵的到来。与此同时，我还带领大家协助“人民保安队”在马路沿线维持社会秩序，动员商店照常开门营业。

人生的最大转折

上海解放后，我奉命调到在大木桥路上的临时联合救济会(会长赵朴初)沪西南区中心站工作。当时肇嘉浜是条臭水沟，沟旁到处搭满了各处贫民难民栖身的“滚地龙”。8月间暴雨成灾，水深过膝，我们负责发放救济粮，调查、救济、遣送和动员难民回乡恢复生产工作。

3个月之后，即1949年8月的一天，我又接到上级党组织的通知，前往时任上海市军事管制委员会卢家湾区接管会专员黄元庆同志(后任卢湾区人民政府第一任区长兼中共卢湾区委书记)处报到。当时卢家湾区接管会设在建国中路前法国巡捕房院子东侧，共2个房间，外间用于办公，里间放着4位南下干部和我的5张铺板床，享受“供给制”待遇。当时，我还领到了一套草黄色制服和一枚“军管会”圆形证章。而我的新工作任务是文化教育，联系全区小学，兼任人事科科长。

这一天，应是我人生的最大转折点。从当初接受启蒙教育到追求理想，从流离颠沛到来沪投亲当学徒，从黑暗中寻找革命真理到加入中国共产党，从战上海到投身没有硝烟的战场，最后又从旧店员成长为一名新中国的机关干部。

自此，我就在卢湾区(今黄浦区)工作了40余年，直到1990年离休。

上海解放二三事

杨 俊

采访时间：2019年3月15日

杨俊，1927年11月出生，上海松江人。1942年11月进入上海新新公司工作，练习生、售货员。其间，参加1946年“六二三”反内战示威大游行，在1947年“二九”反帝爱国斗争中被打成重伤。1949年3月，任上海新新公司纠察队、人民保安队大队长。4月加入中国共产党。5月25日，带领队员控制公司凯旋电台，向全市人民播出上海解放的喜讯和《中国人民解放军布告》，配合解放军解放上海。1950年11月起，上海市委党校学习。后任嵩山、邑庙、南市区委统战部秘书、副科长、科长，南市区小北门街道办事处委员、副主任，小东门街道党委副书记，豫园街道党委书记等职。1987年离休。离休后，长期任豫园街道离休党支部书记并担任政治讲师团讲师，在党刊、党报等报纸杂志上先后发表五十多篇革命回忆文章。

我现在耳朵不好使了，虽然对于以前发生的一些事情已记不清了，但上海解放前后的那些日子，每一个细节都深深地烙印在我的脑海里，无法忘怀……

人民保安队队长

1942年，我当时还不满16岁，来到上海南京路上的新新公司，成为罐头部的一名员工。上海新新公司创建于1926年，是旧上海四大百货公司(即先施、新新、大新、永安)之一，在其五楼设有上海第一个由中国人自行设计并装备创办的广播电台。因为电台周围全用玻璃装饰，俗称“玻璃电台”，后遭火灾，抗战胜利后原址重建，改名为“凯旋电台”。电台最初由新新公司职工杨观榜负责，中共地下党员陈君衡经常以老朋友的身份借故进入电台播音室，以后又介绍了学过无线电技术的中共地下党员姚仁根与杨观榜交友，逐步掌握了电台播音的核心技术与操作技巧。

1949年3月的一个晚上，我们公司中共地下党支部召开支委会，接到了控制新新公

新新公司人民保安队合影(二排右三为杨俊)

司凯旋电台并学会使用它的命令，准备在迎接上海解放中发挥作用，上级决定由我和姚仁根同志任纠察队正副大队长兼管这项工作。

1949年上海人民团体联合会人民保安队臂章

5月，人民解放军已逼近上海郊区，我们人民保安队(1949年4月中共上海市委将全市已普遍建立的护厂队、护校队、纠察队、消防队等组织起来，建成统一的“人民保安队”)集中到新新公司商场一楼，等待上级命令。

南京路升起第一面红旗

1949年5月24日，中国人民解放军第三野战军各部队在经过十余天激烈的外围战斗后，攻入上海市区。5月25日凌晨，在永安公司屋顶值勤的人民保安队员，首先发现解放军卡车由远及近驶来，激动地叫喊了起来：“亲人来了！解放军来了！”这一消息在职工中传开。永安公司地下党支部立即决定悬挂红旗欢迎人民解放军，让青年党员雷于斌、黄明德、乐俊炎、唐仁把红旗插上大楼最高层绮云阁，但是绮云阁非常高，且国民党守军残兵看到了这面红旗，用机枪射来一排排子弹。有人想出了办法，找到一根消防龙头皮带。趁着机枪声停，用皮带将乐俊炎和旗杆绑在一起，腾出两手，使劲将绳子系在旗杆顶端，又重新升挂，南京路上终于飘扬起了象征上海解放的第一面鲜艳红旗!

接着新新公司的王胜茂等同志按照组织的原计划，从仓库中拿出事先准备好的红布，赶缝制作大红旗，由白志刚、李云钧等爬上新新公司七楼塔顶，升起了大红旗。大新、先施、国货等公司也纷纷挂出红旗，一时间南京路成了红旗的海洋。大家欢聚呼喊，大声唱起："解放区的天是明朗的天，解放区的人民好喜欢，民主政府爱人民呀，共产党的恩情唱不完……"开心得不得了，因为在白色恐怖的笼罩下，从未想过能有升红旗大声歌唱的这一天。

这一面红旗影响很大，掀开了上海的新时代，表明了上海解放。这段"南京路上第一面红旗"的红色历史故事，后来被改编并拍摄成视频短片。

第一声"上海解放了"

1949年5月25日黎明时分，党支部委员张啸峰赶来。我兴奋地说："你快布置任务吧！"他解开一包整齐的小纸包，把印着"人民保安队"、红字白底的布制臂章交给我。我说："坚决完成党支部交给我的任务，请党放心！"接着，他又从贴身的口袋里取出了一张又小又薄的打字纸，上面写着密密麻麻的小字，这是毛主席和朱总司令签发的《中国人民解放军布告》(《约法八章》)，说："立即使用电台，向全市人民广播！"

我接过了布告，带领工会话剧团演员的播音员李云森和人民保安队队员，奔向新新公司

2910部队行进在南京路上(陆仁生摄，1949.5.27)

新新公司
THE SUN SUN CO. LTD.

五楼凯旋电台，电台经理看到我们，连着后退了几步。我们抢前一步，说明来意，并说：“一切费用，我们可以如数付清。”他表示：“我们是私营电台，警察局有规定，不能随便借给他人使用！”我们马上郑重地说：“国民党警察局吗？已经插白旗投降了！这里的事由我们人民保安队负责，你可以放心！”那个经理半信半疑地到窗口探望了一下，见到老闸警察局(今贵州路)门口已挂起白旗，两名解放军战士持枪站岗，两旁又堆着沙袋掩体，还架好了两挺机枪，才说：“应当效劳，应当效劳，那么就请吧！”

李云森一个箭步，跑进播音室，打开电台开关，准备播音。可收音机却收不到声音。副大队长姚仁根见状连忙上前检查，发现电台播放频率被故意拨乱了，于是根据已掌握的电台操作核心技术，马上将电台频率调整正确。李云森激动地通过电台向全市人民宣布：“我们上海人民解放了！亲爱的同胞们，上海人民保安队播音开始！人民解放军已来到南京路！上海解放了！上海又重新回到了人民的手中！”就这样，上海解放的喜讯通过凯旋电台传入了千家万户。同时播放由歌咏队演唱的《我们的队伍来了》《解放区的天》等欢迎解放军的歌曲，嘹亮的革命歌声在上海城市上空四处回荡。

智斗特务

播音开始不久，我们守卫的电台便遭到了潜伏下来的国民党特务的两次冲击干扰。

5月25日上午10时左右，几个穿西装的人强行要闯入电台室，被守卫在公司门口的十几个手持木棍的人民保安队员拦住。来人中一个体型较胖的家伙说，“我是电台老前辈”，同时从口袋里摸出红臂章扬扬，又说：“我是共产党地下政工人员，让我进去！”人民保安队员仍阻挡。在此之前，人民保安队员已接到上级指示，在解放上海时，只有人民保安队是党领导的公开组织，对其他一概不加理会，提防有人假冒诈骗。那家伙又威胁说：“上面飞机在飞，丢下炸弹，你负得了责任吗？赶快把电台关掉！”有队员认出带头的是电台唱滑稽的筱快乐，指着他说：“你是什么共产党的政工队！你是前几天还在电台上骂共产党的筱快乐，快滚开！”这群家伙被我人民保安队拦在外面，未能得逞。他们看到软硬兼施都不成，还被揭了老底，又见人民保安队员人多势众，不敢轻举妄动，灰溜溜地走了。

但是，这帮家伙不甘心。下午4时，又来了一批武装特务，有七八个腰挎大手枪的打手闯进来，冒称是“共产党地下武装”，直冲上新新公司五楼，胁迫电台停止广播，为首的大个子腰挎大手枪，拿出盖有“中共江南地下挺进军”大红印的委任状公文，扬言来接管电台。我们见到这份有来头的公文，一时不知如何应付。因为在地下环境是从来没有公文的，这“地下军”又是怎样的组织，我们也并不知道。

1949年5月25日上海解放时，凯旋电台首次向上海市民发出人民之音第一声

担任上海职业界协会党组成员，负责百货业工作的梁仁阶在现场，他立即出示了“上海人民团体联合会”工作人员的臂章，对大个子说：“双方都有上级，双方各向自己上级报告，由双方上级商量解决。”大个子一听，瞪眼直嚷大叫“不成”，一面又拍拍腰间的大手枪。梁仁阶看了这副架势，愈加怀疑了，既然来者自称是“中共江南地下挺进军”，便使用中共地下党暗语来考察他们：“你们认得S (即共产党)吗?”大个子发愣说不出话来，等了一会，梁仁阶又说：“那你们是老K(即国民党)啊！”他们又面面相觑，显示出这伙冒牌货的真面目。我们不予理睬，再一次将他们轰了出去，结果他们只好垂头丧气地走了。

电台播音 招降残敌

南京路上许多老板和员工是广东人，同时为结合上海本地特色，需要分别采用普通话、广东话、上海话播音。家住在上海虹口的地下党员刘帼英，普通话说得不错，加上本是广东人会讲粤语，便被组织指派为电台女播音员。5月26日下午，为使刘帼英快速到达电台，组织决定用电台广播呼叫：“刘帼英，刘帼英，你快点过来，上海解放了！”她在电台

新新公司人民保安队与英联船厂工人合影

中听到呼叫后，冒着生命危险，躲过机枪的扫射，从尸体中爬过来，来到新新公司5楼，顾不上脱掉沾满血迹的外衣，立即播报人民解放军解放上海的最新战况和《约法八章》。

电台继续播报。但国民党残敌还龟缩在苏州河北岸抵抗。党支部委员决定根据《约法八章》，由宣传委员裘福祥草拟向国民党士兵招降的《三项保障》：一是保证生命安全；二是要回家的给路条(路条是一种简便的通行凭证)；三是不没收士兵个人的东西。立即让播音员在电台反复广播，向残敌喊话，发动宣传攻势，还广播了电台的电话号码。

被包围在浙江路桥北碉堡里的一百多敌军，收听到《三项保障》后，挂出白旗，向解放军缴械投降。许多国民党士兵听到《三项保障》，打电话来询问："你们的《三项保障》是真是假？""接受投降有什么手续？"我们一一作了明确答复。

但还有盘踞在英联船厂和邻近的怡和纱厂、海军工厂等处的一批国民党残兵，还在江

建党90周年，杨俊在中共一大会址留影

边修筑防御工事，妄图顽抗。英联船厂地下党支部书记沙玉琳把《约法八章》和《三项保障》内容讲给驻厂的敌军指挥官听，再加以劝降，最后成功说服了敌军指挥官。中共地下党员继续向在其他工厂驻扎的敌军劝降。这个情况当时我们不知道，后来为了写党史，看到了这部分资料。

电台广播同时也引起了各阶层人民的关注，不少市民来电询问："我们周围还有不少国民党军队，怎么才能叫他们投降？""解放军现在打到什么地方？我们这里什么时候能解放？""我们要慰问解放军，东西应送到哪里去？"对这些电话，我们都按照党的政策和已知情况一一答复。

电台还陆续收到了各界市民要求转交给解放军的各种慰劳品，有饼干、奶粉、球鞋、毛巾、牙刷等，收到以后我们都上交给人民保安队总部。

党旗下宣誓的杨俊

胜利解放 移交电台

1949年5月25日、26日、27日，电台连续广播了三天，我们的政治宣传，配合了军事进攻。凯旋电台自始至终被我们新新公司人民保安队牢牢守卫着。直到5月27日，除汤恩伯率国民党第五十四军等部约5万余人，先期从吴淞口登船出海逃窜外，守敌15.3万余人悉数被歼，其中毙伤1.3万余人，上海正式宣告解放。5月28日，我带领新新公司人民保安队，圆满完成了上级交代的任务，胜利地将电台移交给了中国人民解放军上海市军事管制委员会。

这段红色历史故事，后来被改编并拍摄成视频短片《上海第一声》以及《永恒的记忆》。

回想这段战斗历程，深感我们这群当时只有二十多岁的年轻人，正是靠着党的领导，才不怕艰险，勇敢斗争，为上海解放、为人民做出一点有益的事。

(后期整理：杨慧如)

迎接上海解放的日子

成纪昌

采访时间：2019年5月17日

成纪昌，男，1929年11月出生，浙江宁波人。1943年10月进入上海万康宏酱园店工作，学徒、营业员。1948年11月参加中共地下党外围组织“上海职业界协会”。1949年3月加入中国共产党。1949年7月起，先后任新民主主义青年团伙食业支部书记，酱业、山海贸工、伙食业党支部书记，老闸区店员党支部委员、区委组织员、区委宣传部副科长、第十街道党支部书记、酒菜业党支部书记，上海市第三重工业委员会宣传部副科长，东昌区人委工业科副科长、工商科科长。1957年下放海滨农场、东昌百货店等处。1979年调入黄浦区工商局工作，先后任南京东路工商所、第一工商所所长，合同科兼商标广告科科长、企业管理科科长，局党组成员、处级调研员，兼任上海市消费者协会理事、黄浦区消费者协会副会长。1989年离休，离休后担任工商黄浦分局离休党支部书记。

2019年是新中国成立70周年，上海解放70周年，也是我入党70周年。今天再次回忆70年前自己入党和迎接上海解放的那段日子，脑海中就像放电影一般，仍历历在目。

从万康宏酱园走上革命道路

我是一个贫苦家庭出生的孩子，父亲没有固定工作，为别人做衣服，母亲给有钱人家当佣人，家里还有两个哥哥和一个妹妹。因为穷，没钱读书，我小学没毕业就独自外出谋生。1943年，我来到上海，通过亲戚介绍，在万康宏酱园店当学徒、营业员。

万康宏酱园是宁波商人张逸云在上海开的四座酱园之一，总店位于西藏中路596号(今西藏中路北京东路口)，解放前是上海规模最大的一家酱园，分店最多时达14家，总店分店职工共有100余人。万康宏酱园不仅招牌亮、名号响，它也有着光荣的革命传统，1927年就成立了酱园工会，同年又建立中共酱业党支部。在党组织强有力的领导下，万康宏酱园地下党员带领全行业职工，开展了各种形式的革命斗争。万康宏酱园也被誉为酱业职工运动“红色据点”。

巧得很，当时我在万康宏酱园总店工作，酱业党支部正好设在我们店内。就这样，我开始接触中国共产党。同事王乾德(时任酱业党支部书记)对我进行政治思想觉悟等方面的教育，使我懂得了很多革命道理，明白了穷人为什么这样苦……他还经常借给我进步刊物，我看到夏明翰烈士事迹后很受触动，对我后来走上革命道路影响很大。王乾德还动员鼓励我参加进步社团“益友社”，启发我入党。1948年11月，在王乾德同志的介绍下，我加入了中共地下党一个外围组织——“上海职业界协会”(简称职协)。入会后，我表现积极，接收上级党组织交来的文件翻印后到各处散发，团结群众，吸收一些进步青年和积极分子参加“职协”，一起开展地下革命斗争。

上海解放前夕，国民党反动派垂死挣扎，到处迫害、镇压进步人士，闸北宋园(今闸北公园)和浦东张家楼、戚家庙等地天天都有中共地下党员、革命志士和爱国同胞被枪杀，整个上海笼罩在一片白色恐怖之下。在那样恶劣的环境下，我义无反顾参加了革命，主动向党组织靠拢，从一开始就做好了各种思想准备。革命不怕死，怕死不革命，亦如夏明翰

万康酱园外景

烈士说过的那样："砍头不要紧，只要主义真。杀了夏明翰，还有后来人。"我在党组织的坚强领导下，不屈不挠地与敌人展开地下斗争。其间，虽然经常隐蔽或转移，但始终不渝地保持革命的信念。

根据党中央提出在敌占区"每个党员的任务就是勤学、勤业、交朋友"的有关指示，党支部领导酱业工会在万康宏酱园办图书馆、办夜校、职工业余进修学校，会同酱业同业公会解决学习场地问题并利用"益友社"等组织形式，建立了广泛联系酱业职工的群众网络，组织引导酱业职工上进修班、自修班，读夜校，提高文化知识，把广大职工牢牢地团结在党的周围，从中发现、挖掘并培养与考察积极分子，增强党组织力量。从1948年秋算

上海酱业工会召开成立大会(1949)

起，到上海全境解放，中共酱业党支部前后分三批发展了19名党员(包括我在内)，党员总人数达到24名，其中万康宏酱园总分店的党员数占了近半数。

成立酱业防护团配合上海解放

1949年1月1日，毛主席发表新年献词《将革命进行到底》。中共上海地下党组织积极响应号召，曾发出“上海准备武装起义，里应外合配合解放军解放上海”的指示。党支部传达上级指示后，大家非常高兴，认为经过长期隐蔽战斗，终于可以拿起武器与敌人干上一仗了。我们万康宏酱园店在闸北止园路上的酱园工场占地面积很大，老板不常来，员工也不多，主要都是各种坛、缸、瓮、盆、桶等，可以用来藏枪支弹药等武器，比较隐蔽，还有很多可依靠的积极分子，有利条件很多。我们与其他两家酱园店一起做好了武装起

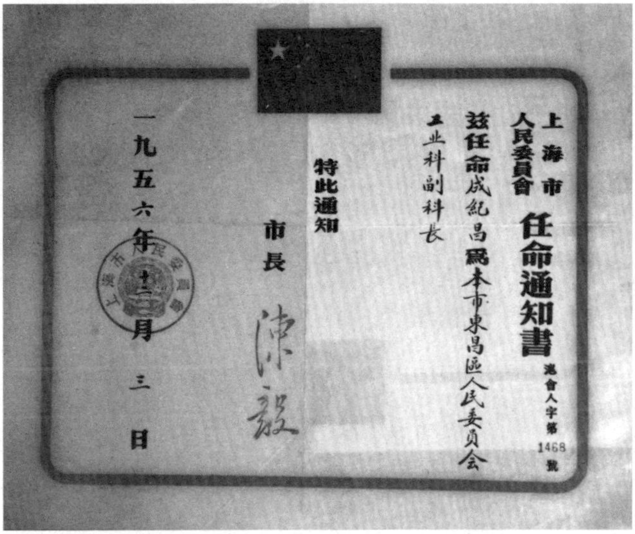

1956年，陈毅市长签署的成纪昌任命通知书

成纪昌参与编写的《上海酱业职工运动史料》

义、战斗到底的准备。

后来，形势发生了变化。我们又收到了市委的新决定：根据局势的发展，原定的武装起义计划取消，党中央明确指出，人民解放军有足够的力量解放上海，上海党组织的主要工作是发动群众，反对国民党破坏，保护工厂、机关、学校，配合解放军接管城市，维持社会秩序，迅速恢复生产，这是最好的里应外合。这样一来，我们的工作就开始转移到宣传群众、发动群众、组织群众和建立人民保安队以及恢复生产、维持秩序等方面。

支部贯彻上级指示，讨论有关“应变”问题，从储粮应变发展到反遣散、反掠夺、反逃跑的护店斗争。经过讨论，工会率先通过了建立酱业防护团的决议。紧接着，我们向酱业同业公会提出了“应变”问题的劳资双方协商，得到支持，决定劳资联合组成防护团，共同开展护厂、护店活动。

当时，我们酱业党支部共有24名党员，大家进行分工，以行业为单位，将全市20个区划分成东区、西区、南区、北区、中区、西南区六个大块，并成立酱业大队，由王乾

成纪昌年轻时

德任大队长。大队下设六个中队，每个中队设队长一名，副队长二至四名。党支部全体党员与酱业大队全体成员一起，共同完成迎接上海解放这一艰巨而又光荣伟大的任务。

在党支部的带领下，我们依靠近200人的骨干力量，发动群众，组织群众，把职工充分调动起来。到1949年5月初，酱业防护团成员已达到2000多人，群众基础相当好。

当时我负责的是中区(含黄浦、新成、老闸，由朱旭智任中队长，我担任副中队长)，利用《酱报》大量版面做宣传，统一由中共地下党印制传单样张，专人收下后再秘密翻印，刻蜡纸、推油墨、搞印刷，从而形成包括《告上海人民书》《中国人民解放军布告》(《约法八章》)、《三大纪律八项注意》《将革命进行到底》等内容的宣传品和传单，按照事先踏勘好的地址与门牌号码，穿梭于大街小巷，有针对性地向各个商店逐一寄发或投递，积极宣传我党我军的方针政策。虽然这项工作十分危险，任务相当艰巨，但同志们毫无怨言，干得十分起劲。我和队里同志在发传单前一天晚上，先收取后刻印好宣传材料。第二天清晨，天蒙蒙亮，我们化装成报贩，悄悄地把这些宣传品和传单一份份放在报贩送的报纸里夹好。我们还利用熟悉地形的优势，把传单送进了许多商店的店门和住户的门缝或报箱，每次都胜利完成任务。我们以此向各个商店的资方及广大职工开展我党我军的路线、方针、政策的正面宣传教育，收效十分显著。

此外，我们还在党支部的领导下，穿梭于大街小巷，秘密摸清了当时不少国民党军、政、警、宪、特等机构所在地址，还侦查到国民党守军驻地、兵力方位、布防工事、武器装备、碉堡据点等各种情报，并画成方位地图或图标说明，提供给人民解放军入城时用，以实际行动有力地配合了解放大军。

配合人民保安队稳定秩序

成纪昌在酱园店工作时

1949年5月12日，解放上海战役开始。5月25日，人民解放军进入市区，苏州河以南的上海市区全部解放。我们酱业防护团也和其他护厂、护店团体一样统一名称为人民保安队，戴上全市统一的“人民保安队”臂章，与市人民保安队一起维持秩序。在交通恢复的情况下，我们还挨家挨户宣传动员商店开门营业，保障市场供应，为稳定人心和恢复生产起到了积极作用，这是有目共睹的。

记得有一次，支部同志在新昌路一带值勤时，发现有一辆军车停在了对面弄堂口，从车上走下来十多个荷枪实弹的士兵，戴着印有“中国人民解放军江南挺进纵队”字样的红袖标，我们觉得这个袖标有点不对劲儿，十分可疑。于是，我们一面派队员在现场监视，另一面派几名队员跑步向当时设在国际饭店的上级领导报告情况。随即，我们又赶至黄河路一所小学，找到驻在该校的解放军部队。部队首长听过报告后，马上派了一名连长率十几个解放军战士赶赴现场，当场确定他们有问题，遂收缴了这批人的枪械，并把他们押上军车，带回去进一步审问。事后得知，这伙人是从上海郊区流窜到上海市中心准备抢劫越货的土匪。

1949年5月27日，上海全境解放。当天下午，我们作为人民保安队的一员，来到八仙桥西藏南路、龙门路转角路面开阔处，与解放军指战员举行了一次热烈而简短的军民联欢活动。人民解放军战士和我们共同高唱起革命歌曲：“解放区的天是晴朗的天，解放区的人民好喜欢，民主政府爱人民，共产党的恩情唱不完……”许多路人也驻足观看，其中有不少市民们也跟着节拍一起学唱，气氛十分感人。

2019年是新中国成立70周年、上海解放70周年。70年来，在党中央坚强领导下，彻底改变了中华民族的前途命运，使中华民族走向伟大复兴。今天的上海，也在70年的机遇

老当益壮，不断“充电”学习

和挑战中攻坚克难，取得了举世瞩目的辉煌成就。回想起我入党的70个年头，也曾经历过风雨。1957年，我被错误地打成“右派分子”。其间，我吃了许多苦，也遭受了不少精神上的磨难。然而在这段艰苦的岁月中，我并没有意志消沉，而是把这段经历当成历练，用实际行动守住了自己的初心。虽然现在我人老了，但思想不能变，理想不能忘，信仰不能丢。我将时刻牢记自己是一名共产党员，一名无产阶级战士，继续热爱我们的党和国家。我有一个宗旨：“生命不息，战斗不止”，承诺入党誓词，为共产主义奋斗终生。只要有一口气，为党的工作做一辈子，继续发挥小小的螺丝钉的作用，一生献给党。

(后期整理：安然)

难忘革命岁月

周 衍

采访时间：2019年4月19日

周衍，1927年1月出生，浙江人。1939年进入上海胡庆余堂中药店工作，学徒、店员。1943年开始接触中共地下党，配合地下交通运输工作。1945年8月加入中国共产党。1948年5月，在中共地下党组织安排下，奉命撤离上海。8月，在苏北解放区华中党校集中培训，学习接管城市工作政策。1949年5月初，渡江到丹阳集训，集中分配赴上海的工作单位。5月底，随部队回到上海，参加接管工作，任中国人民解放军上海军事管制委员会徐汇区接管委员会秘书、天平路街道办事处主任。1952年任徐汇区人民政府工商科副科长。1956年在上海市委党校担任教员。后调入市电影局任处长。1987年离休。

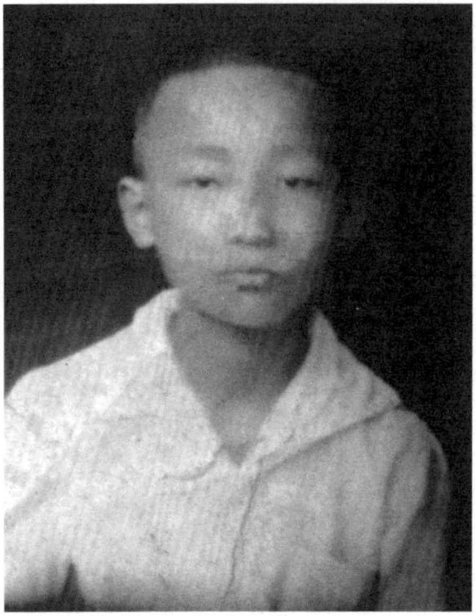

12岁时在上海胡庆余堂当学徒

回忆入党经历

我1927年出生在杭州。1937年底，日军大部队涌入杭州城，杭州沦陷。我亲眼看到日本兵肆虐糟践我国同胞的残酷暴行。作为一个年轻人，我热血沸腾，誓死要与日本鬼子拼命。1939年，我12岁，父母带着我们从杭州来到上海，在亲戚的介绍下，我在上海北京东路上的胡庆余堂中药店当了一名学徒。

我参加革命主要有两方面原因，一个是民族觉悟，一个是阶级觉悟。民族觉悟和阶级觉悟是革命的动力，城市中的阶级剥削、阶级压迫，使我认识到，穷人不翻身，就没有什么好日子可以过，只有跟着共产党走，才能彻底翻身当家做主。在我的周围，有不少进步青年，也有中共地下党员。1943年，受他们的影响，我积极要求加入中国共产党，但因为当时自己入党年龄还不够(只有16岁)，所以只能配合中共地下党斗争组织开展工作。

1945年8月，我满18岁了，终于如愿加入了中国共产党。我心情激动。因为我们都是做好了随时牺牲的决心的准备。“你愿意为党的革命事业而流血牺牲吗？”这可不是随便喊喊口号。

地下交通运输线

抗日战争期间，我的主要任务就是以上海胡庆余堂药铺的学徒身份做掩护，配合做好地下交通运输工作，为新四军收集和输送紧缺的药品和军用器材。

新四军初创时期，在人力、物力、财力各个方面都遇到了很大的困难，需要许多紧缺物资，例如：西药、医疗器材、印刷机、发报机、军用电线、迫击炮无缝钢管，等等。加上当时新四军部队非常缺少武器装备，而制造迫击炮的无缝钢管也只有到上海才能采购得到，要通过很多关系和渠道，然后再用小船秘密地运送到苏北解放区。为了打破日伪的长期封锁，将重要的军需物资源源不断地运往苏北抗日根据地，保障军需民用物资供应，新四军苏中军区决定建立一条南至浙江、北至山东的海上秘密交通运输线，成立了地下采办运输机构，代号“51号兵站”。然而，要把这些受到控制的重要紧缺物资从上海通过秘密渠道偷偷运输到苏北解放区，必须得通过国民党、汪伪、日寇的三道重重关卡，任务十分艰巨，处境非常危险。

中共上海地下党支援新四军的钢铁交通运输线，从未间断过。尽管当时日伪封锁严密，水陆交通、车船码头到处都设置岗哨关卡，而且重兵把守，暗探密布，但在兵站的领导下，我和中共地下党的同志们，想方设法，冲破道道难关，出生入死，日夜奋战在这条航线上，一次又一次地完成了任务。其间，我们不知遇到过多少次敌伪层层封锁与严格检查，但总是沉着应对，与敌人斗智斗勇，不仅出色完成了参加采购与运输公司搞秘密交通运输工作，将中共上海地下党斗争组织负责采办的药品、医疗器材、印刷机、无缝钢管等各种急需物资通过水路运回苏北新四军革命根据地，还经常协助地下组织从解放区装运花生油、土特产、伪币和金子等物品，转到上海销售，借以筹集并扩大资金，进一步组织采办解放区所紧缺的各类物资，再装船拖运回去，做长期准备，与日伪军开展持久战。

新中国成立后，上海海燕电影制片厂拍摄了一部电影《51号兵站》，梁波罗出演了男主角“小老大”，他塑造出我党的地下秘密运输战线上的革命英雄人物，给几代人留下了经典记忆，并且让这段红色革命历史家喻户晓。电影《51号兵站》讲述的其实就是我所经历过的这段红色历史。

当年，地下秘密交通运输线除了陆地铁路，还有水上航线，有多个渠道通往革命根据地，其中一条是在浦东的高桥、高东地区。而刘燕如同志就是上海浦东兵站的领导，是当年战恶浪、斗顽敌的“小老大”式主要代表人物之一，也是影片《51号兵站》中主人公的原型。2016年，当时还健在的百岁刘老还特地来看望过我。

与死神擦肩而过

在波澜壮阔的革命生涯中能够安然无恙，我无疑是幸运的。但是，我有几次与死神擦肩而过的经历，至今仍然难以忘怀。

1946年，抗战胜利后不久，国民党蓄意发动内战，不断抓捕中共人员，大街上开的都是黑色车(俗称“香港车”)。当时我的工作重心还是负责收集资料、收集情报、采购物资，同时还不顾国民党控制的黄色反动工会的控制，积极宣传革命理想，宣传党的政策，扩大党的影响，推荐进步书刊，团结进步青年。

1948年5月，在白色恐怖笼罩下的上海，中共地下党组织遭到了严重破坏，我所在的支部也被破坏了，支部成员三名被抓。有一天夜晚，有一伙国民党特务突然闯入并敲打我住处店铺的大门，开口问道：“你们这里有个叫周自为的吗？”因为我在上海胡庆余堂中药店里的名字是叫周敏坤，对不上号，他们就走了。此情此景正好被一个路过店铺门口我的亲戚看到，便想法子及时通知到我。第二天早上八九点钟，我便接到组织上打来的电话，让我赶紧撤离，我当时什么都没拿就走了。后来才知道，我前脚刚走，国民党特务就又来抓我了，前后相差仅一两个小时。

但很不幸的是我们支部的三名同志均被捕，于5月15日遭枪杀。三名同志被杀害后，尸首还被国民党当局用石灰加水进行毁损。其中，支部书记在惨遭杀害时身上正穿着他爱人编织的一件毛背心，因此被这位死难革命烈士家属认出。这件毛背心至今还在上海龙华革命烈士陵园纪念馆展示，用以教育警示后人。

在撤离到解放区的过程中我也经历了几次死里逃生。那时我到了淮安解放区后，在路过“两不管”地带并打算要坐船通过封锁线去苏北华中区委所在地时，结果差点出了意外。当时，苏北的高邮、宿迁地区接近敌占区，敌我态势犬牙交错，我们叫游击区，也有我们的力量，由组织上的同志护送我们过去。尽管国民党军已经基本上收缴了当地的民船，但组织上还是想方设法搞到了一条帆船，帮助我们通过敌人的封锁线。由于湖深浪大，我们便又动员了一名老百姓来驾驶船只。可到了高邮湖中央的时候，突然间刮起了大风，由于驾船老乡操作技术不娴熟，船的帆杆断裂，幸运的是没有翻船。高邮湖的面积很大，我们费尽周折，最终连拖带拉地上了岸。上岸后，我们一行人又连续36个小时走路，每人一天半的食物仅有两个馒头，依靠坚强的革命毅力，安全到达目的地。

还有一次晚上，我们一行从高邮湖上过封锁线，也是因为驾驶船只的老乡技术不够熟练，加上没有向导，原本只要花费六七个小时，而我们的船却开了足足23个小时，大家都还饿着肚子。天快蒙蒙亮的时候，突然看到了灯光，我们很高兴，以为到了目的地，没想到那是国民党守军的据点——高邮码头。他们发现了我们后，立刻厉声喊话发问："哪一个？什么人？哪一个？什么人？"我们听见后发现不对，马上掉头就走。侥幸的是当时天空还在下着雨，又是在夜晚，码头上的国民党军士兵由于偷懒没有开着汽艇追过来，否则肯定会难逃一劫。我们当时一行人手中仅有一支驳壳枪，总共才3发子弹，还不知道究竟能不能打响？回想起来，真的好险！

三个名字的故事

我曾经有另外两个名字，参加革命之前原名是叫"周敏坤"，那是我父亲为我取的名字，取之于"天法为坤"，而"敏"则表示我是"敏字辈"。我在从事中共地下党工作时对外公开的名字叫"周自为"。1948年5月改名为"周衍"，一直沿用到今天。这其中还有一段故事。

根据当时组织上的规定，凡是从地下斗争组织转移到解放区的革命同志，必须要改自己的名字(姓氏可以不改)，以防止潜伏在解放区的国民党特务机关追踪寻源，这么做有利于保护仍坚持在敌占区从事地下工作的其他革命同志。当时，解放区敌工部的领导发给转入解放区的各个同志每人一张用毛边纸印制的登记表，要求如实填写姓名、籍贯、出生年月和工作经历以及证明人等内容。我遂按照规定，将自己的原名"周敏坤"和曾用名"周自为"改为"周行"。表格交上去以后，组织上发觉有重名。原来，有位参加革命较早的老同志也将自己的名字改成了"周行"。为了避免名字重复，方便今后工作，加上当时解放区物资匮乏，平时所用纸张印制不易，于是，我就在"行"字中添加了三点水，遂变成了一个"衍"字。其实，在那个特殊的年代，无数和我一样的年轻人投身革命，是为了实现坚定的理想，或隐姓埋名，或更名改姓，他们冒着生命危险，义无反顾地踏上了革命的征程。

挺进大上海

到了解放区，党组织将从上海过来的所有同志全部集中到华中党校，学习党的城市管理方针政策，并成立了4个学员中队，即13、14、15、16中队。13中队为队部；14中队以商业店职员为主；15中队主要由教育界人士组成，以学生为主；16中队以产业工人为主。我被分在14中队。

1949年4月在渡江战役中，百万雄师渡大江，非常雄壮，很快解放了南京、杭州，并控制了沪宁铁路、浙赣铁路，对上海形成了包围态势。此时国民党军据守的上海已成孤岛。

我于1949年5月1日过江，一路紧紧跟随人民解放军快速追击，一路南下，心里头直盼望着早日挺进上海，防止敌人狗急跳墙，搞疯狂破坏与残害屠杀。而正当解放大军乘势直逼上海之际，三野各个部队奉命在临近上海的苏州勒住了缰绳。在上海战役前，人民解放军相对于国民党守军已占绝对优势。解放上海之战，已主要不是军事问题了。之所以在一个月后才发起战役，主要是出于政治、经济和国际问题的考虑，甚至其中的国际问题也是最主要的。人民解放军面临的一个最直接问题是：解放上海会不会引起美国的介入？这个危险并非空穴来风，而是确实存在的。上海一直是“外国冒险家的乐园”，也是帝国主义列强侵略中国的据点。此时，美、英、法等国的军舰正在上海吴淞口的大海上，摆出随时武装干涉的姿态。人民解放军进攻上海，势必会与驻扎在上海的外国军队交战，由此，解放上海之战则将转化成中共与美国的战争。解放上海，必须要把美国等列强武装干涉的危险等多种可能估计在内，解放上海之战的复杂性、严重性、艰巨性首先在于此。除此之外，解放上海还有两个问题：一个是解放上海而不能破坏上海，必须完整保存好这个城市，应当避免发生济南战役式的激烈巷战；另一个是上海解放后必须要接收好、管理好，不能让上海垮掉。上海对新中国的建设意义非常重大，美英等国帝国主义势力尚未撤离上海，要让上海完好回到人民手中，这需要充分准备工作。因此，在南京、杭州等地解放

周衍(前中)在苏北解放区华中党校集中培训时留影(1948)

后，在上海战役发起前一个月，最紧张最繁忙的准备工作都放在这里。在经过近一个月的紧张工作，在各项工作大体就绪，尤其是做好了对付帝国主义武装干涉的军事准备后，才发起上海战役。

由于战前考虑到了上海解放时可能发生的各种情况，所以，人民解放军在上海解放时能够做到摧枯拉朽，并成功地完成了对城市的接管，使得中国这座第一大城市完好地回到了人民的怀抱之中。70年前的上海战役，是中国人民解放军战争史上一次规模最大的城市攻坚战。宝山是解放上海战役的主战场，在宝山这片热土上，经历了解放上海战役中最为艰苦、最为激烈的战斗，4000余名解放军指战员献出了宝贵生命，占整个战役牺牲烈士的一半。在1949年5月解放上海的战斗中，人民解放军为了完好地保存上海这座城市，当时并没有动用重型武器，因此在刘行、杨行、罗店、月浦和吴淞地区以及四川路桥邮政局一带打得异常惨烈，反复争夺阵地，人员伤亡很大。

以上所有这些，我既是亲历者，也是见证者。

严守纪律 接管上海

人民解放军势如破竹，一路南下，难度并不在于“打”，而在于“管”。因为，彼时上海是远东第一大都市，大家都在看着进城的解放军，这些第一次走进大城市的“土包子”，能管理好大上海吗？所以，中国共产党人在上海的另一场战争，不仅仅是军事战，还是政治战和金融战。

上海解放的第一年，在城市管理和经济运行方面，中国共产党没有现成的经验可以照

解放初期周衍(后排左二)全家福

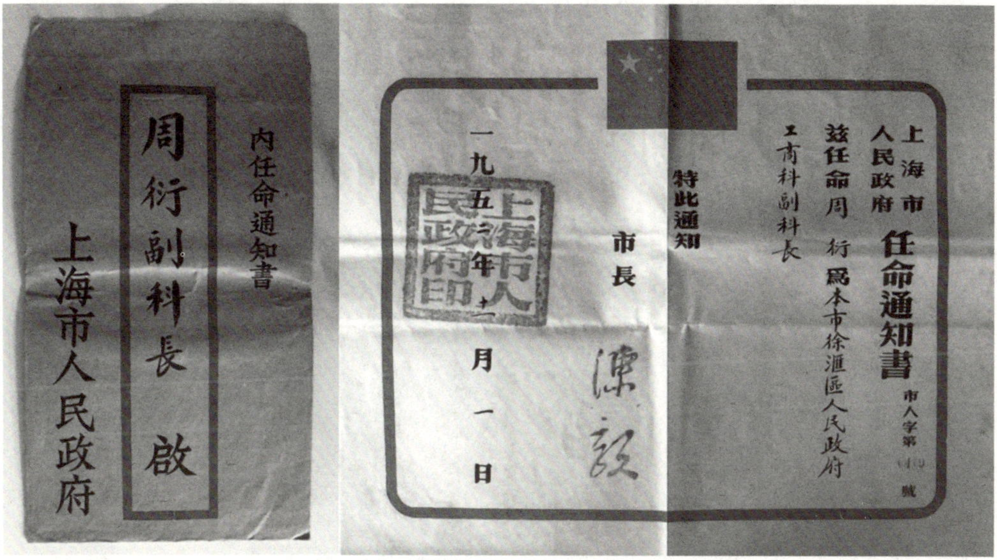
内任命通知書
周衍副科長 啟
上海市人民政府

上海市人民政府任命通知書
市人字第 號
茲任命周 衍 爲本市徐滙區人民政府工商科副科長
特此通知
市長 陳毅
一九五二年十一月一日
上海市人民政府印

1952年，陈毅市长签署的周衍任命通知书

办，一切都在实践中摸索前行。而国民党在撤离之前，已经搬空了国库的银行储备，并且卷走了上海人的大部分财富和物资，还在长江口布雷掐断了对外贸易，市面上盗匪出没，特务破坏，投机盛行，物价飞涨，整个上海存粮量只有3天可供，存煤量只有7天可用，留给我们的确是一个实实在在的“烂摊子”。

上海人民生活安排简而言之就是“二白一黑”，“二白”就是大米和棉花，“一黑”就是煤炭，是当时人民生活和生产的最基本物资。在进入上海前，华东局和华东军区就从苏北、皖南和苏南调拨了可供应上海600万市民三个月所需的1.2亿斤大米、700万斤食油；中南地区则准备了大量棉花；除了淮南煤矿预先准备了大量煤炭外，还在秦皇岛准备了100万吨煤炭随时听候调用。另外，还通过中共地下党发动群众进行应变准备，让工矿企业和市民尽量储存“二白一黑”。

在短短一年里，中国共产党人迅速学会了管理银行、税收，先后打赢了稳定物价和市场供给的“银元之战”“二白一黑之战”以及稳定人心的“证券之战”，不仅恢复了生产，而且打击了金融投机。上海像是一块试验田，中国共产党人在这里创造性地实验，总结出了许多大城市管理经验，后来很多都推行全国，成为新中国许多财经政策法规的雏形。

入城后，我参加了解放上海、接管上海的行动。由一名接管专员和包括我在内的三人组成中国人民解放军上海军事管制委员会徐汇区接管委员会，我担任徐汇区接管委员会秘书，并担任徐汇区天平路街道办事处主任。当时，接管专员任区长，我们仨分别任三个街道办事处主任，总共就四个人。

一直还记得当时年仅22岁，身高1.78米的我和其他三位同志，身穿中国人民解放军军装，佩戴上海市军事管制委员会袖章，严格遵守我党我军“不准干扰或侵占民房”等纪律，在徐汇区天平路的一块空地大草坪上组织召开群众大会，为建立和

担任中国人民解放军上海军事管制委员会徐汇区接管委员会秘书时，周衍(中)在徐汇区天平路的一块大草坪上与群众面对面交流

周衍在上海市委党校担任教员的照片(1968)

巩固党的基层政权组织、保护私有个人财产、保护合法守法的民族资本家权益，与广大人民群众广泛接触，面对面交流，还公开了联系电话并留下联系方式，做了大量行之有效的工作，实际作用很大。其间，我们以身作则，节衣缩食，虽然一天才吃两顿饭，有时饿得直吐酸水，但为了稳定人心和巩固革命政权，始终义无反顾，无怨无悔。我这里还有一张珍贵的历史照片，是当时一位军属在现场，拍下了我代表接管委员会召开的第一次大会的照片。

回忆起那段难忘的革命经历，当时现实情况要比经典老电影里演得还要曲折，还要残酷。看到今天幸福美好的新生活，我内心感慨万千！人民当家做主不容易，共和国建立不容易，新中国建设不容易，所以，寄希望于我们年轻的一代人要倍加珍惜现在来之不易的社会大环境，下一代的人要为我们国家争气，为我们中华民族伟大复兴事业而继续努力奋斗！

(后期整理：安然)

在学生运动中成长

刘德懋

采访时间：2019年4月12日

刘德懋，1929年8月出生，江苏常州人。抗战时期，就读于上海圣约翰大学附属实验中学和高中部。抗战胜利后，参加欢迎马歇尔特使和平请愿和“六二三”反内战示威大游行等学生运动。1945年7月加入中国共产党。解放战争时期，就读于上海中正中学、光华大学，后任学校学生会主席、党支部委员。其间，带领学生参加抗议英帝“九龙暴行”示威游行，配合解放军解放上海。新中国成立后，先后任北四川路区委统战部副部长，虹口区委候补委员、统战部副部长，北四川路区政协秘书长，虹口区政协秘书长，区建设局党组书记、副局长，区卫生局党组书记、副局长，虹口区中心医院党总支书记、院长，上海市第四人民医院党总支书记、院长，虹口区委统战部副部长，虹口区副区长，卢湾区委书记，卢湾区政协主席等职。1993年离休。

2019年10月1日是新中国成立70周年纪念日。70年风雨，70年奋斗，我们今天取得的成就来之不易，是在中国共产党的领导下取得历史性的成就。我今年90周岁了，党龄也有74年了。我在这70多年中经受了锻炼，得到了提高。对我个人而言，这也是中国共产党的教育和培养。今天再回忆起参加革命的那段经历，很有意义。

回望人党路

1945年7月21日，是我加入中国共产党，成为一名共产党员的日子，入党宣誓的那一幕仍历历在目，记忆犹新。那年我只有16岁，还只是一名初中学生。

当时国内政局跌宕变幻，国民党发动全面内战，人民处于水深火热之中。国家情况如此复杂，许多有志青年，在思想上感到迷茫，心理上感到苦闷，不知道未来的道路应该如何走，何去何从。

此时的我正在上海圣约翰大学附属实验中学读初中。教学的老师是上海圣约翰大学教育系的学生(有些是中共地下党员)，教育方式、方法与其他学校有所不同。平时上课、活动以集体形式进行，老师谈论国内外时事，介绍国内情况，同学们积极提问，畅所欲言。在老师的启发和引导下，我开始对国家的命运有了思考，感到我们青年人也有力量，可以为饱经战火的国家，为历尽劫难的中国人民做一些事。学校还经常举办进步活动。记得有一次郭沫若先生到我们学校演讲，这是我第一次见到郭沫若，那时他已经很有名气了，有幸聆听他的演讲，非常兴奋，很受鼓舞。

我在学校有个同学，他叫余伊绪。那时我们常常一起学习，互相交流，为国家命运和前途担忧。我们也越来越清醒认识到，个人命运要同国家命运结合在一起，国家有难，人人有责，这才是青年人的前途。其间，我还结识了一个来自解放区的同学，他向我们介绍解放区根据地的情况，我也从中得到启发，原来在我们国家还有一个解放区，还有共产党，内心产生了向往。

之后我又主动阅读了斯诺的《西行漫记》等进步书籍，从书本中获取了更多关于革命根据地和共产党人的情况，对共产党也有了更多的认识，也坚定了追寻党组织，向党组织靠拢的决心。

记得有一天，余伊绪告诉我，他找到共产党组织了，并已加入。他问我怎么样，愿意加入吗？我说我当然愿意，一起参加才更有力量。在得到我肯定的答复后，他通知我写一份个人自传，表达自己要求入党的愿望、决心与信心。

《西行漫记》

1945年7月21日，我被正式批准加入中国共产党，成为一名共产党员。又过了几天，我的入党介绍人余伊绪通知我参加入党宣誓仪式。仪式地点是在同学家的一个亭子间，有一位乔姓同志作为上级领导人到场监誓并担任入党宣誓领誓人。他读一句，我跟读一句，直到宣誓结束。这位乔姓同志就是时任上海地下党学委中学区委组织委员、上海学生运动的重要领导人之一，后来的国家领导人乔石同志。

投身学生运动

此时，我已初中毕业，考入了上海圣约翰大学附属高中部。其间，我参加了人生中第一次游行示威活动。

那是在1945年12月，马歇尔特使(George Catlett Marshall，时任美国政府代表、总统特使)来沪访问并做国共调停其间。圣约翰、之江、沪江、东吴等4所大学联合发起欢迎马歇尔的活动，并由圣约翰大学学联主席为代表，递交用英文写成的请愿书。12月20日下午，组织上海市各大、中学校师生约4000多人至中央路广场(原中央商场，今外滩·中央)举行集会示威游行，并准备去马歇尔住地华懋饭店(今和平饭店北楼)面呈书信，遭到“三青团”特务围殴。他们手持木棍乱打学生，许多同学被打倒在地，血流满面。我们的游行示威队伍就从南京路一路行进到林森中路(今淮海中路)上的国民党上海市教育局、社会局等机构门口(今中环广场)，一路上高呼“欢迎马歇尔特使！”“反对内战！”“要求和平！”等口号。虽然这次游行曾遭受到国民党反动组织的冲击与殴打，但产生的社会影响力很大，是抗战胜利

圣约翰大学游行队伍

后上海学生在共产党领导下开展的一次全市性的政治斗争，是学生力量的一次展现。

1946年1月，我还到玉佛寺参加了公祭昆明“一二·一惨案”中死难烈士的活动以及会后的示威游行。6月23日，与各界5万余人士一起欢送和平请愿团赴南京请愿，并进行了长达五小时的游行，还参加了“反饥饿、反内战、反迫害”示威大游行等，共同呼吁和平，反对内战。

学生爱国运动此起彼伏，相互激荡，规模空前，得到了全国各界人士的响应和广大群众的支持，但遭到了国民党当局残酷的镇压，也更证实了国民党的反动性。我就在这波澜壮阔的运动中逐步成长，愈加坚定了跟共产党走，与国民党反动派斗争到底的信念。

和平请愿团青年在上海北火车站书写抗日标语(1946)

开辟工作 团结群众

在上海圣约翰大学附属高中部读完高二上学期后，我家从曹家渡搬到了虹口，学校离家远，只能寄宿，学费又很高，家庭难以负担。而当时位于虹口的中正中学是我党地下斗争组织的空白点，组织力量薄弱。党组织要求我考入这个学校，开辟工作，团结群众，增强组织力量。我服从组织安排，在高二下学期(1947年2月)转学至中正中学。

中正中学是国民党政府在抗战时期开办的一所教育机构，以蒋介石(中正)名字命名。学校规模很大，在重庆等地开有分校。与其他学校不同，它是专门为国民党军政官员子弟开办的。抗战胜利后，上海的中正中学开始向社会招生，这也为我党打入该校创造了条件。中正中学实行半军事化管理，学生进校都要穿类似军服的草绿色套装，头戴缝有“中正”二字的帽子，配有教官、训导员，管理和控制都很严。上级党组织要求我开展团结群众工作，做好基础工作，打开局面。

如何开展团结群众工作？我们组织各类学生社团，通过办壁报、刊物、歌咏会、演出会等学生喜爱的课外活动，拉近和同学们的关系，并以此为据点，了解每个同学的家庭和思想情况。同时，积极开展尊师爱教、助学募捐等活动，进一步得到同学们的拥护，也吸引了不少教师参与，逐步打开了工作局面。

一次，学校训导员在学生做早操时无故打学生，师生们纷纷抗议。在我们的推动下，师生们共同申讨，集体向校方施压，促使其修订了一些不合情理的规章制度。这件事让很多同学得到启发，我们也从中发现了可以争取和发展的积极分子。

我们还组织引导他们参加其他学校的进步活动，如参加同济、交大举行的纪念“五四”集体活动，巩固和推进爱国基础教育。特别是组织中正中学100余人，第一次参加全市各大学校近2.5万余人到外滩公园(今黄浦公园)示威，抗议九龙暴行，到英国领事馆高呼口号。这对社会和中正中学影响很大，打开了局面，也是我们地下党在学校开辟工作的初步成效。

抗议暴行示威游行队伍在外滩公园(今黄浦公园)

正如毛主席所说“伟大的正义的学生运动是第二条战线”，同学们意识到学生运动对斗争全局有积极贡献。作为青年学生，有力量有能力有责任参与更多的斗争活动，去争取胜利。同学们的思想在进步在变化，这离不开我们在团结群众方面所做的工作和努力，也展现出我们开辟工作、团结群众有成效有作用。

助力组织 解放上海

中正中学高中毕业后，经组织上的要求，我考入了光华大学。此时的光华大学有些中共地下党员、积极分子被逮捕、被开除，仅剩四、五位同志坚持斗争，急需恢复和增强党的组织力量。党组织指出，主要工作是做好基础工作，巩固力量，迎接解放。

当时我们主要从两方面着手。一方面从学生最关心的事着手，从与同学们生活密切联系的学校食堂开始，逐步取得同学的支持；另一方面从建设学生群团着手，从群众的基础开始，分散开展建立进步基层组织，筹建成立各院(系)学生会，在此基础上筹建校学生会。但在这个时候，学校贴出公告，国民党部队将入驻光华大学，学校停止一切教学活动，学生停课，教师回家。给我们开辟和发展工作带来了很大的困难。为保存力量，党组织决定采取分散联系、分散领导的方式，同步做好迎接上海解放的准备工作。

为顺利迎接上海解放，在党组织的领导下，我们主要做了两方面的工作。一是有针对性地分发《约法八章》《三大纪律八项注意》等宣政策的资料；二是深入开展地区调查，按照统一划片，分工进行，重点调查重要工厂、学校、机关、社会团体、医院等情况，并标注好交通道路、地址等详情说明，上交组织统一绘制。为不熟悉上海情况的人民解放军进入上海、解放上海、接管上海提供了有力支持。

卢湾区委书记刘德懋在区第九届人大一次会议上讲话

中共卢湾区第四次代表大会上，大会执行主席刘德懋同志(右三)主持主席团会议

喜迎解放 公开身份

上海解放后，我重新回到光华大学，担任学生会主席、党支部委员。不久组织决定公开地下党，在学校贴出党员名单的公告，我们的中共党员身份得到公开，同学们相见都惊呼，“原来你们是共产党员啊！”此时此刻，我们也终于知道，原来身边的“他”和“她”都是同志。惊讶、喜悦，种种复杂的心情交织在彼此的心头。从地下到地上，从秘密到公开，我也亲身体会到了个人与国家共命运，迈出黑暗，走向光明，真正收获自由解放的滋味。我更加感慨：伟大的党，伟大的人民!我在斗争中得到锻炼，在斗争中得到提高，一切都是依靠党的教育与培养。

时至今日，我仍关注时事，坚持学习，并时常提醒自己，我为什么投身革命，我为什么加入中国共产党，一定不能忘记来时的路，不能忘记走过的路。正如习近平总书记在十九大报告中所提的“不忘初心、牢记使命”，要始终保持初心，相信群众，依靠群众。青年人也应当如此，务必要扣好，也要扣正人生中的第一粒扣子，因势而为，珍惜当下，奋斗！奋斗!

(后期整理：杨慧如)

生命不息，奉献不止

王瑞兰

采访时间：2019年4月26日

王瑞兰，女，1923年8月出生，浙江鄞县人。抗日战争时期，任上海难童教养院、上海福幼院、上海申报义校科任、级任教师。1942年2月加入中国共产党。解放战争时期，任南市草呢帽业义务小学训育主任、级任教师，境成小学教导主任兼级任教师，上海市小学教师联合进修会南市分会总干事，圣工小学幼稚园主任教师，江苏省南京市湖熟渡桂村彦清小学分校主任教师，上海市闸北区第二儿童福利站副主任等职。新中国成立后，任上海中小学教师联合会干事。1950年2月上海市委党校学习，后任上海市教育工会劳保部部长。1954年2月上海市委党校学习，后任上海市第九女中、上海市第九中学副校长、校长。1982年离休。离休后，获得上海市“五好文明家庭”、市老干部先进个人、市“关心下一代工作先进工作者”、市离退休干部先进个人、市教卫工作党委系统十佳好人好事等荣誉。

在庆祝中华人民共和国成立70周年之际，回顾往昔，许多难忘的往事始终铭记在我的心中。

用米汤写入党报告

1941年12月8日太平洋战争爆发，我就读的苏州女子师范学校(抗战其间迁入上海租界)的校长和高三的住读女生被日本宪兵逮捕，学校从此停办。我在姚美珍(后改名姚勤予)同学一年多的教育培养引导下，课余时间阅读了许多进步书籍，如《江南的新生》《青年，往何处去》《西行漫记》《英勇奋斗十七年》《向传统教育挑战》《在德国女牢中》《中国共产党章程》等。我还在课间学唱许多抗战歌曲，歌词中许多内容，例如《太行山上》歌词中“母亲叫儿打东洋，妻子送郎上战场”,《毕业上前线》歌词中“国难已经逼到了眉尖，谁有心意长期钻研。我们要去打击侵略者，怕什么千难万险，我们的血沸腾了，不除日寇不会来相见”以及《歌八百壮士》歌颂四行仓库抗战英雄谢晋元团长歌词的最后几句：“中国不会亡，不会亡！！不会亡！！！”都极大地激励我们青年学生抗战到底的决心和抗战必胜的信心。而《国际歌》中“要为真理而斗争，我们要做天下的主人，这是最后的斗争，团结起来到明天，因特纳雄耐尔就一定要实现”则使我们向往共产主义的未来，激发在中国共产党领导下艰苦奋斗、走革命道路的满腔热忱。

在这样的思想基础上，姚美珍多次和我谈心，启发我入党，她告诉我她认识一个朋友有党的关系，入党先要写入党申请，要如实地写清楚家庭情况、思想转变过程、对党认识和入党动机，以及对德苏战争的看法等。她还告诉我写申请时，必须用钢笔尖蘸米汤水写在白纸上，白纸上看不清楚字迹以防敌人检查。白纸上米汤写的字用棉花蘸碘酒一刷，字迹就可显现。我趁烧饭时把米汤灌进小瓶，又买了瓶碘酒。我试了一下，果然字迹明显露出，我就这样完成了米汤誊写的入党报告，交给了姚美珍。

1942年2月(时年18岁)，我接到姚美珍通知说，那位朋友同意我们加入共产党了，我们是多么高兴，我们是同志了！她还告诉我以后是陈梅华来领导和我接头，约定时间、地点和暗号。从此姚美珍就不知去向了(“文革”结束后，得知她的消息，通信后她来上海我们才得以重逢相聚合影)。

接上陈梅华党的关系，她宣布了党的纪律：服从党的领导，遵守党的纪律，严守党的秘密，不暴露党的身份，不打横关系，不出卖同志，不叛党。并向党宣誓：要为共产主义事业而奋斗终生。另外，还规定不观看美国和日本电影，不和非党人士谈恋爱、结婚。并且要向模范妇女运动领袖向警予敢为人先、不怕牺牲的革命精神学习。后来，她要我转学去智仁勇女中读高二并开展工作，指示要勤学、勤业、交朋友。在校做个好学生，在家做个好女儿。

“留得青山在，哪怕没柴烧”

党的领导陈梅华传达了白区工作的方针是“隐蔽精干、长期埋伏、积蓄力量、以待时机”，并通俗地将我们所处的环境比喻为：白雪下面的火山，白雪指白区，而火山是革命的热情。1943年2月，她介绍我去上海难童教养院(属于慈善救济性质机构)教书，该院收容贫困儿童入学，供给衣食和住宿。学生中有个乐队，经常外出为婚、丧事奏乐，以此为院里募集一些办院的资金。

老师都住在院内，三人一间房，伙食略比学生好些，但经常吃碎石子饭，得一粒一粒地挑出来才能吃。由于营养不良，我经常咳嗽，口吐浓黄痰，晚上躺下睡咳嗽不停，只能坐着睡，后来我实在支撑不下，难以工作了，同在院里工作的党员张黎同志陪我去医院检查，拍X光，医生说我患了肺结核病，必须休养增加营养。

当年8月我就离开了难童教养院回家养病。陈梅华带来有关肺结核病的医药书和资助营养费200元(相当于我一年的工资)，嘱咐吃鸡蛋、杏仁，莫悲观。还写信鼓励“留得青山在，哪怕没柴烧”，希望我思想要乐观，要和病魔抗争，为革命养好身体继续为党工作(解放后才知道陈梅华是化名，原名毕玲，是前副总理吴学谦的夫人)。

小教联南市区分会

1945年8月15日，日本帝国主义投降，抗日战争取得胜利，大家欢欣鼓舞。当时育才

王瑞兰(左)与大姐王瑞第、五妹王瑞珍在上海市教育工会后花园合影(1950)

王瑞兰(前左一)在上海市第九女中校园内留影(1963)

中学大礼堂经常在周日上午举办文艺晨会。有欧阳山尊和戴爱莲合演的歌舞剧《兄妹开荒》等文艺演出。有时请名教授演讲。有次听林汉达教授的演讲，记得他很激动地说："店员理发师都有自己的工会组织，教师为什么没有自己的组织？教师也应该团结起来，成立自己的组织。"在场的教师们纷纷站起来，热烈鼓掌赞成。会后就选派代表商研。1945年8月27日，上海市小学教师联合进修会(简称小教联)成立了。

上海市小学教师联合进修会是党的外围组织，是公开的教师群众组织。1945年9月，党的领导祝敏要我去南市草呢帽业义务小学担任训育主任。当时，南市(邑庙、蓬莱)区在私立小学教师中共有党员四人，孙励、石惠麟、沈仲奕和我商讨成立小教联南市区分会，推选我为总干事。

要成立区分会，需要面对全区小学，那时对全区的学校，我们还心中无数。于是，我们同教师积极分子一起，串大街小巷，察看学校，从张贴的招生广告中找校名、地址，沿途找背书包的小学生聊天，了解校名和老师姓名，然后利用课间、中午的时间串访学校，在教师中宣传小教联的宗旨和活动内容，动员他们入会。我们有时则等候学校放学，与教师沿途攀谈，或者进行家访，动员他们入会。短短一个月中，我们联系了20多所学校，发展了80多人入会。1945年10月，正式成立小教联南市区分会。第一届主任是沈仲奕，第二、第三届主任是张鸿文(基督教天恩小学教导主任)，我为总干事。全区分九个块，每块两个联络员。分会设有总务、学艺、福利等股，还建立了戏剧组、歌咏队，也曾举办讲座，撰写一些宣传我党政治主张的文章，出版油印的《南市小教》，报道各项活动。我们从关心教师生活福利入手，如举办教师业务进修讲座，组织歌咏、戏剧组，介绍教师职业，动员教师参加上海市中小教职员工消费合作社(简称教合)，帮助学生订阅新少年报，暑假举办教师纳凉晚会，参加小教联总会成立周年庆祝活动等。此外，我们组织动员女教师参加了“三八”妇女节游行，“六二三”反内战大游行，反对教育局检定教师，举办教师进修学习班，反对学校无故解聘教师，教师职业要有保障，反对学校征收第二次学费，抢救教育危机，以及1948年“六二八”小学教师“反饥饿求生存”的斗争等活动，从经济斗争发展到政治斗争。

在党的领导王文华同志指导下的两年多时间里，我们发展了一大批积极分子，从中培养发展了黄齐纹、戎洁(原名戎蕴愚)、杨铮声、蔡心亚等20多人入党。我们组织联络小组，分块联络学校，当时小教联在蓬莱、邑庙两区有会员的学校达90多所，会员600多人。这些工作锻炼了党员骨干的活动能力，壮大了一批积极分子队伍，也为上海解放后组织教育工会打下了扎实的群众基础。

撤退、隐蔽、开辟阵地

1948年4月，国民党政权灭亡前夕疯狂镇压革命者，形势险恶，党的领导祝敏通知我和孙励同志迅速撤离上海。我得到父亲的同意以养病为由去宁波西乡伯父家暂住，后又接祝敏来信，要我们立刻回上海，通知我去杨浦区圣工小学教书，改了名字，要我在校做个“老实、本分的教师”，并规定我不能出外白渡桥活动。当年10月，为了避开户口大检查，党的领导张亦桦护送我去南京郊区湖熟，凭着介绍信(改名王静源)介绍给彦清小学陈义君校长，我在那里隐蔽下来，另辟阵地建立分校，实际上是我一人招收1至4年级的学生上复式班，晚上走访农民家庭。

王瑞兰(前右三)和部分同事在原圣工小学校门口合影(1986)

1949年初，南京临近解放，党的领导人蒋丽似接到上海通知，要求将该校解散，全体教师陈义君、蒋丽似、陈凤英等和我回上海。在上海，张耀忠同志接上了我的党关系，通知我去闸北区第二儿童福利站工作，仍沿用王静源名字，站内有茹炜、李海斋、唐炎南等老师以及十八民校的小先生陈凤英、邱美珍、陈美华，还有王则平，张金福等。我由潘晓明单线领导，因不能打横联系，就不知其他人的党的身份。站的工作有小先生们搞的儿童识字班、救济平民和发放救济物资、奶粉、棉被以及为迎接上海解放和地区居民搞治安救灾等。

上海解放后，我服从党的分配到上海市中小教联工作。1950年6月，中国教育工会上海市委员会成立，我从市委党校学习后被推选任上海市教育工会劳动保护部部长。1954年

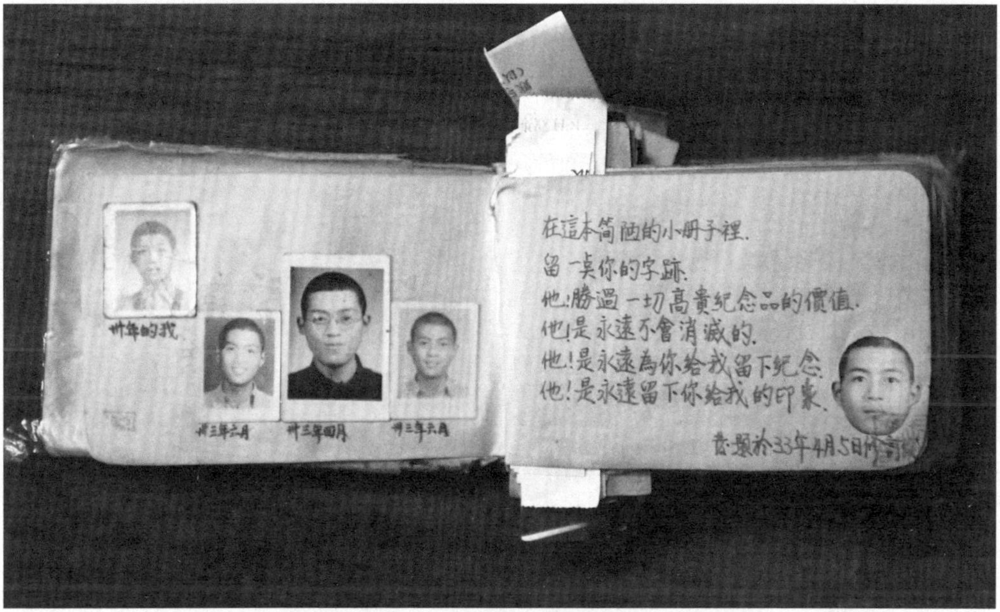

王瑞兰四弟王妙发烈士的遗物

革命烈士证明书

王妙发同志在解放战争中壮烈牺牲，经批准为革命烈士，特发此证，以资褒扬。

中华人民共和国民政部

一九八三年六月十五日

王瑞兰四弟王妙发的革命烈士证明书

8月，我经市委党校学习后，由市教育局分配到上海市第九女中任副校长(后改名为上海市第九中学，今上海市黄浦学校)，1976年任上海市第九中学校长。1980年我从学校领导岗位上退下，1982年离休。离休后，我继续发挥余热，为党做了一些力所能及的工作。我不仅参加在中共南市区委组织部领导下，和潘隐君同志一起到各学校协助党支部整党建党和选拔中青年干部工作，又参与了希望工程和复三居委困难孩子助学，还帮助残疾人青少年健康成长。我还在党的号召下回忆撰写了《南市区小教联活动回忆》《南市区私立小学系统革命斗争的回忆》《在“爱国爱人爱学问”的校歌声中成长》《王妙发烈士爱国献身精神永存》《难忘八年》《余热献给青少年》《跟着党走过七十个春秋》《抗日战火激发青年走上革命征途》等文章。曾获得“关心爱护孤儿学雷锋十佳”、“教育系统好党员”、南市区“关心教育下一代先进工作者”、卢湾区“五好文明家庭”、上海市“五好文明家庭”和上海市老干部局“老干部先进个人”、上海市“关心下一代先进工作者”等称号。

作为一个共产党员、一个教育工作者，我更要时刻不忘初心，牢记使命，传承红色家风。我们全家先后有四人走上革命道路。大姐王瑞第(后改名方宁斯)，1941年前往苏北抗日根据地参加新四军。四弟王妙发19岁时在解放战争中光荣牺牲，1952年被追认为革命烈士。五妹王瑞珍也受我们影响，在学生时期加入共产党，投入解放战争的革命浪潮中。

如今我已是耄耋老人了，著名教育家陶行知先生曾经说过，捧着一颗心来，不带半根草去，我要学习这种高尚的道德精神，继续关心下一代，再做些力所能及的工作，生命不息，奉献不止。

(后期整理：安然)

入党前后那一年

池 欣

采访时间：2019年3月22日

池欣，1929年3月出生，上海人。1946年8月进入上海法商电车电灯公司工作，电车售票员。1947年9月27日，参加法电地下党组织发起的工人大罢工。1947年10月加入中国共产党，后担任中共法电区委车务部三线党支部书记。1948年10月，在中共地下党组织安排下，奉命撤离上海。11月，进入苏北解放区华中党校集中培训，学习接管城市工作政策。其间，在中共淮南地委参事部工作，担任交通员。1949年5月1日，渡江到丹阳集训，集中分配赴上海的工作单位。6月初，随部队到上海，成为解放后中共上海市委党校第一批工作人员。1949年9月底，调入市公用事业党委，后在市公用事业团委、市公安局、市电影局、彭浦化工厂及技校、市电影发行放映公司等处任职。1989年离休。

我出生于上海，原名张品仁，张品成。1948年11月到华中党校，党校要求用化名，就改名池欣，沿用至今。1947年10月，我加入中国共产党，至今已有72年了。其中，从1947年10月入党到1948年10月离开上海，虽然只有短短一年，但这一年里的经历对我影响很大，记忆犹新，终生难忘！

我的入党过程

我的童年时代是在抗日战争的硝烟中度过的。日本鬼子的飞机在头顶上空呼啸而下，大火冲天，浓烟滚滚，一片废墟。战乱、饥饿、颠沛写满了我童年时的回忆。1942年，父亲被日本人抓走，从此杳无音信，那年我13岁。我不得不外出打工维持生计，先后在棉布店、造纸厂、轧面厂等多个地方讨生活，受尽了日本人的欺辱，却无力抗争。我虽年少无知，却已懂得战争的残酷，亲历尊严被践踏。国家不强大，落后就要挨打，百姓会无缘无故被欺负，没有任何理由。

1946年8月，我进入上海法商电车电灯公司(简称法电)工作。法电的经营范围主要为水、电、交通三大部分，有自来水部、电力部、机务部和车务部。车务部营运有轨电车、无轨电车和公共汽车。我在车务部电车上当售票员。

法电具有光荣革命历史传统。早在1926年10月，法电就建立了党支部。解放战争时期，是上海中共地下党组织力量最强的单位之一。

进入法电后，我经常到工会参加活动。其间，结识了工会监事张浩波。他和我一样，也曾是中法学堂(今光明中学)的学生。当时，张浩波是法电车务部党支部书记(上海解放后曾任共青团市委书记、宝钢工程指挥部领导等职)。张浩波指派熊道弘等2人带我参加各类活动，和我交朋友，提高了对中国革命的认识，思想上有所觉悟，对中国共产党有了概念。相处中，我也看到了他们与其他工友的不同，想要追随“共产党”的意愿油然而生。

1947年9月27日，法电地下党组织发起过一次大罢工，还联系兄弟单位相继罢工，全市交通陷于瘫痪。这次罢工持续了七天，遭到了国民党当局的武力镇压，法电很多工友相继被抓。其间，我积极投入斗争，革命情绪得到鼓舞，也更坚定了向党组织靠拢的决心。

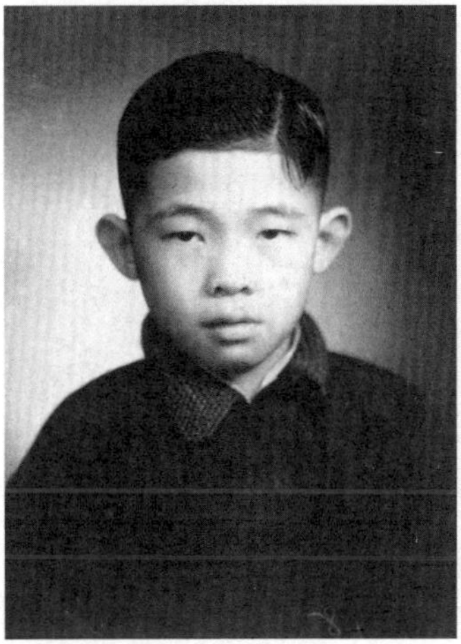

中法学堂(今光明中学)学生照(1939)

证件照(1952)

随上海电影代表团赴新加坡、香港访问证件照(1985)

我就是在这次大罢工后不久加入中国共产党的。

在“九二七”大罢工中，我的联系人熊道弘被国民党反动派抓捕，另一位联系人为逃脱抓捕，也已撤离隐蔽。之后，党组织又派了杨坚志同我联系，向我转达了党组织对我表现的认可，介绍我加入中国共产党。入党的手续是先写一份自传，交上级领导审查，再口头通知已被批准入党。1947年10月中旬，我被批准加入中国共产党，与黄世华、戴关庆组成党小组，指定我任党小组长。当时没有举行入党宣誓仪式，后来在苏北解放区华中党校补行仪式。

1948年3月，杨坚志将另外两个党小组和两个单线联系的党员划给我管理，加上我入党时的这个党小组，组成车务部三线支部，我被指定为支部书记。此时，法电区委共有5个支部，机务部2个支部，车务部3个支部，区委书记陈龙祥，副书记范富昌，两位委员谈乔根和权琳甫。新支部成立后，我的上级领导也从杨坚志改为权琳甫。我就在约定的时间向权琳甫同志汇报工作，听从指示。

王中一被捕，法电党组织受损及应对

1948年3月下旬，权琳甫召集我们车务部三个支部书记紧急开会，讲上级领导人王中一被捕，随即就发生了法电地下党员被抓的情况。

奇怪的是，被抓的全是机务部的人，车务部一点动静都没有。什么原因？

会上，权琳甫分析认为可能是法电上报上级党组织的材料出了问题。上报的材料是机务部的，车务部的材料还没有报上去。敌人在王中一处可能搜到法电上报的机务部材料，因此，车务部没有暴露，暂时安全，但仍需沉着应对，做好随时撤离准备。事后证明分析是正确的，我所在的三线支部属于车务部，且都是新党员，都没有暴露，逃过一劫。

那么，上述权琳甫提到上报的和没有上报的材料，究竟是些什么内容？至今还没有人指出来(权琳甫已去世)。我后来想到一件事：1948年初，我的党内联系人杨坚志曾经授给我一组号码“惟324”，并告诉我这是属于我的个人密码，要牢记，万一今后同党组织脱离联系，凭这个代号能重新把组织关系接上。此后，再也没有人提到过这些密码。从当时敌人抓捕直指机务部，我推断敌人搜到的材料就是上报的党员个人密码和对应人名的名单。

多年后，从公开资料了解到：1948年3月20日，中共上海“工委”委员王中一遭国民党逮捕。国民党特务在王家中抄去规定必须销毁而没有销毁的有关电话公司、法电、英电、丝织、针织等业以及浦东地区的党员和积极分子355人名单的文件材料和党员名单。国民党根据名单进行大逮捕。全市共有125人被捕，其中党员118人。法电当时也有15人被抓。

公开资料证实了我的推断，当时国民党应该就是按名单抓捕的，但我们法电仍有部分党员及时摆脱了抓捕！

据我后来了解到的情况：1948年3月23日凌晨，送党刊的交通员通知权琳甫“3月20日王中一被捕，保持警惕，等待新的上级领导”。当晚敌人开始抓捕。法电区委书记陈龙祥可能第一个被捕。敌人押着陈龙祥去斜土路抓委员谈乔根。谈乔根从陈龙祥的叫开门声中听出陈已被捕。于是谈乔根没有开门，直接从连幢房屋的另一间逃脱，直奔大兴街找到副书记范富昌，再通知赵志勤、庄明、张正等同志撤离，及时摆脱抓捕。

当时他们是何等机智与勇敢，是常人难以想象的！于我而言，也是非常惊险的一段经历。

法商电车电灯公司的有轨电车

入党后一年里的主要工作

上级领导王中一被捕后，法电地下党组织遭到严重破坏，一度与上级失去联系。国民党反动派疯狂镇压，到处抓人砍人，解放前夕的上海一片腥风血雨。但无论斗争形势有多严峻复杂，我们的工作从未间断过，工作也更谨慎、隐蔽了。

这一年里，我主要从四个方面开展工作。一是安排党刊学习，关注解放战争发展进程。通过写信、寄宣传品等方式、对敌特中嚣张者给予警告，动摇者给予规劝，减少敌方的干扰。二是为没有收入来源、生活窘困的被捕或撤退人员家属安排家庭手工劳动，给予关心与救济，有病送医。三是做好联系党员工作，加强和群众的团结，进一步发现和培养积极分子，发展新党员，积蓄战斗力量。四是组织已经或可能暴露的党员撤离上海，把他们转移到苏北、山东等地开展学习，协助建立上海到苏北解放区的新交通线等。很多事项

池欣(右一)与妻子陈惠琴(左二)同孙道临(右二)等电影界人士在秦岭合影

不胜枚举。

在法电地下党这一年，环境极度困难，工作异常艰苦。法电交通工人实行日工资制，工作一天领一天工资，不工作就没有工资。上班时间也不统一，脱班就按停工处理。我每天都是在电车上工作八到十个小时后，才能有时间从事党的工作。前者有工资，后者没有报酬，还要交党费。地下党活动费用也没地方报销，更多的是自掏腰包。组织撤退过程中，不惧风险，马不停蹄，逐站交接，严密而安全地完成组织上安排的任务。

与上级党组织短暂失联期间，法电也曾参与过兄弟单位工会在虹镇地区召集的几次会议，集体应对王中一被捕事件后敌人展开的抓捕，计划组织大规模示威游行，公开反击国

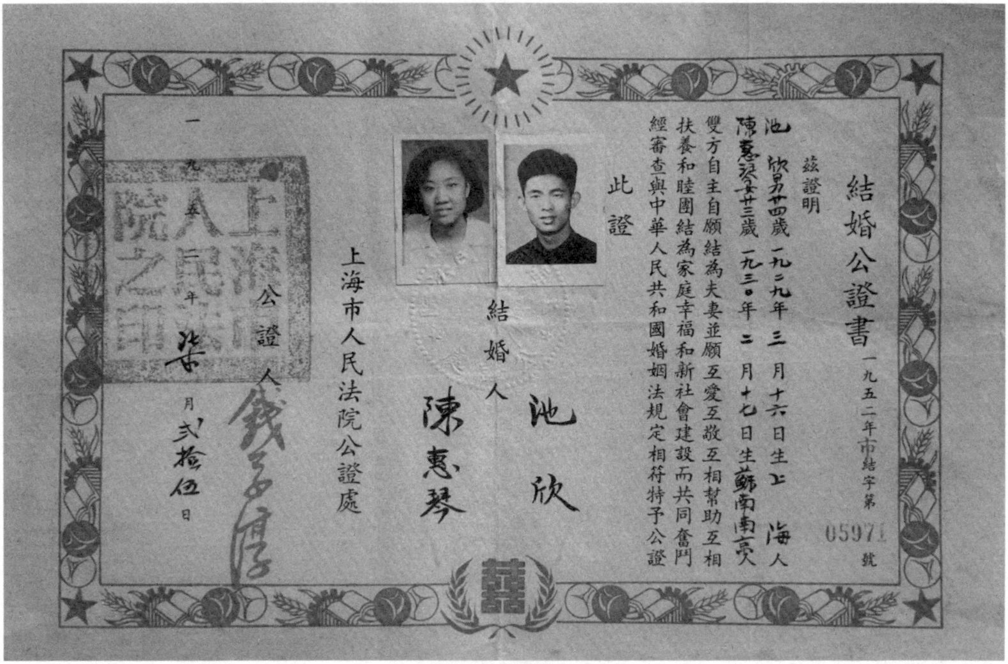
結婚公證書 一九五二年市結字第05971號

茲證明

池欣男廿四歲一九二九年三月十六日生上海人

陳惠琴女廿三歲一九三〇年二月十七日生蘇南南京人

雙方自主自願結為夫妻並願互愛互敬互相幫助互相扶養和睦團結為家庭幸福和新社會建設而共同奮鬥經審查與中華人民共和國婚姻法規定相符特予公證

此證

結婚人 池欣 陳惠琴

上海市人民法院公證處

公證人

一九五二年柒月弍拾伍日

上海市人民法院之印

池欣的结婚公证书

民党当局，结果预定的计划未能实施。会议目的是明确的，但没有把握好斗争形势，有违党在白区“隐蔽精干、长期埋伏、积蓄力量、以待时机”的工作方针，可能导致更多党员身份暴露，从而招致国民党反动派进一步扩大抓捕范围，使革命力量遭到更多的损失。据后来了解到的情况，很多同志或被捕或受波及，有些甚至还为此付出了生命。

1948年10月，在党组织安排下，我奉命撤离上海，进入华中党校集中学习。华中党校将上海撤退来的人员分成四个队，13队为工委机关队，14队为职员队，15队基本上为学生队，16队为工人队，我被分在第16队。培训前期主要是总结白区工作经验，后期主要学习接管城市工作政策。在解放区这半年中，一首一尾在华中党校，中间4个月则是在中共淮南地委参事部工作，也就是淮南地区的政治交通站工作。1949年5月1日，渡江到丹阳集训，集中分配赴上海的工作单位，我被分配到市委党校。6月初，随部队到上海，成为解

池欣夫妻合影

放后中共上海市委党校第一批工作人员，党校的驻地在法华镇香花桥的正始中学(法华镇路535号，今上海交通大学继续教育学院所在地)。

2015年9月3日纪念世界反法西斯战争暨中国人民抗日战争胜利70周年大阅兵，上海参加阅兵的抗战老同志中有施宜、张正和孙瑞英三位，是我认识的并同他们有过交往。其中，张正是法电机务部的，他也是在1948年3月23日那天接到通知后避开了抓捕，撤离上海后参与组建上海到华中的新交通线。他和我一样，都是王中一被捕事件的幸存者。

我和爱人陈惠琴一样，都是穷苦人家的孩子，在抗日硝烟中长大，在工厂里受欺压，在革命斗争中觉醒，在党的教育培养下成长，共同见证了人民的解放、新中国的成立和国家的繁荣富强。一路走来，经历过磨难，蒙受过冤屈，但比起那些永远躺在地下的革命先驱者，我们又是幸运的。

七十多年风风雨雨，最大的感受是什么？我十分庆幸中国共产党有了以习近平同志为核心的党中央，有了一条经过实践考验能够把中国建成社会主义强国的正确道路。在这个前提下，作为一名党员就可义无反顾地“不忘初心，牢记使命”，去拥有全心全意奋斗的全部可能。这也是我最幸福的余生！

(后期整理：黄凤芳)

回首我的觉醒

李哲寅

采访时间：2019年4月26日

李哲寅，1926年11月出生，浙江黄岩人。1946年考入上海暨南大学法律系就读。1947年5月在“反饥饿、反内战、反迫害”学生运动中被捕。1947年12月加入中国共产党。1948年7月，经组织决定离开上海，回乡隐蔽。后参加浙南游击纵队，1949年5月参加解放温州的战斗。1949年7月回到上海，参加市军管会文管会举办的中学政治教师培训班。后分配到蓬莱区，任市政治教育研究会沪南区干事。1949年10月2日，带领学生参加跑马厅举行的群众集会，收听开国大典录音。1951年5月起，蓬莱区委宣传部、教育卫生部工作。1968年10月下放南市区五七干校。后任民办先锋中学、第九中学教员。1978年2月调入南市区委党校工作，任教员、副校长、调研员。1986年借调至上海市宣传党校，任教育长至1994年。1987年离休。

回首壮丽七十年，中华民族从站起来、富起来到强起来，创造了举世惊叹的伟大飞跃和中国奇迹。饮水思源，关键在于有一个马克思主义的政党——中国共产党。实践证明：有了马克思主义，有了共产党领导，才有中国人民的伟大觉醒。回想自己就是在这征程中觉醒起来的。

没有共产党，就没有新中国

我生长在浙江的农村，整个中学时期是在闭塞的山村度过的。时值抗日战争，为躲避敌机轰炸，学校搬离县城，来到偏僻的山乡。那时，我埋头读书，近乎“两耳不闻窗外事”。1946年夏天，高中毕业考取国立暨南大学，开始了我的大学生活。

来到上海后，不仅环境发生了极大的变化，而且开始接触社会。这繁华的大都市，街上的霓虹灯五光十色，目不暇接，耳边响着舞厅里传出来的爵士音乐。但转一个弯的马路上就可以看到一个个“滚地龙”。一些白天行乞，晚上露宿街头的人们，就蜷缩在里面度过隆冬寒夜。那年冬天特别冷，一场大雪后，次日清晨马路上就奔驰着收尸的车。我真正看到了什么叫“朱门酒肉臭，路有冻死骨”。面对灯红酒绿掩盖着的深刻的社会矛盾，有些人习以为常，却引起了我的深思。于是我开始关注和阅读反映现实的书报杂志，与同学相互议论交流，渐渐思考起国家、民族的前途命运问题。开始感悟到鲁迅先生所说的“一边是庄严的工作，一边是荒淫与无耻”。这鲜明的对比，让人看到了“另一个中国”，寄托着人民的希望，感受到“没有共产党，就没有新中国”。

你是灯塔，照耀着黎明前的海洋

通过同学的推荐，我开始阅读一些当时被禁止阅读的进步书籍。如艾思奇的《哲学选辑》、华岗的《中华民族解放运动史》，以及《西行漫记》《钢铁是怎样炼成的》等作品。开始了解到近百年来中华民族的优秀分子，为挽救民族危亡，上下求索，奋斗牺牲，终于找到了马克思主义，诞生了中国共产党。我终于有一种豁然开朗的感觉。进步同学中流传着一首歌：“你是灯塔，照耀着黎明前的海洋。”这灯塔就是中国共产党，它照耀的光芒就

李哲寅(立者左四)与舍友在国立暨南大学二院校门口合影(1947冬)

是马克思主义。

现实的斗争，比书本更加深刻，它催人觉醒的力量更大。1946年冬天，北平发生美军士兵强奸北大女学生的“沈崇事件”，激起了中国人民反对美军的愤怒浪潮。消息传到上海，首先起来响应的是我们学校，贴出抗议书，组织示威游行，民族义愤强烈地爆发出来。1947年元旦，上海大中学校抗爆联合会组织全市学生抗暴游行。我有生第一次上街游行。如果说，我参加这次游行，只是出于正义感的一种自发行动，那么到了5月份，投身轰轰烈烈的“反饥饿、反内战、反迫害”运动的时候，我已有了明确的政治目的，是一种自觉的行动了。

随着形势的发展，国民党反动统治的危机进一步加剧，它的倒行逆施激起人民强烈不满和反对。1947年“红五月”学生运动已是一场反对国民党反动统治的波澜壮阔的革命群众运动。5月20日，南京发生流血惨案。21日，上海102所大中学校成立“五二〇”惨案后援会。24日，上海73所大中学校举行大罢课。这场斗争已波及60多个城市，美国报纸惊呼：“这是严重的预兆。”于是，国民党反动政府开始加紧迫害和镇压。上海调动一万多军警力量，开列2000多人的黑名单，着手大规模搜捕。

我们学校当时被誉为“东南民主堡垒”。“北有暨大，南有交大”，是上海学生运动中一直走在前面的两所学校。1947年5月28日，国民党反动政府首先向这两所学校开刀。那天清晨，3000多名军警包围暨大校园，逮捕了68人，其中我们青云路的新生宿舍逮捕4人。我和同室的仰文渊2人也被捕了，这是我没有料想到的。我们当时只不过是运动的积极分子，并非运动的领导骨干。“初生牛犊不怕虎”，只是说了一些激烈的话而已。

这次被捕对我来说，却是一次革命斗争的锻炼。我先被押送到闸北警察分局，后被红色警备车转至南市看守所。走进那“回”字形的牢房，关着的都是学生，不是交大的就是暨大的。看到我们进去，就高喊：“暨大好，暨大妙，暨大暨大呱呱叫！”接着齐声高唱：“坐牢算什么，我们不害怕，放出来，还要干！”互相激励，无所顾忌。我们很多人都只关了一天就被放出来了。反动当局想用这种手段吓唬人，不但吓不倒已经觉醒的人们，只会促使更多人的觉醒，更加坚定了我与国民党反动派斗争的决心。

随时准备为党和人民牺牲一切

大逮捕之后，暨南大学校方在国民党反动当局的高压政策下，大批开除学生。1200人的学校，被开除学籍或勒令退学的学生，加上党组织决定主动撤离去解放区的学生总数达100多人，几乎占学生总数十分之一。进步力量损失惨重，我校学生运动走入低潮，校内反动势力重又嚣张起来，带枪的特务学生又开始公开殴打进步同学。在这种形势下，我曾经想离开这所学校，并已参加当年高校招生考试，不久就接到北京农业大学的通知。

正在这时候，同室的李元勋同学来找我谈心。他劝我不要走。他说：“在国民党反动统治下，没有‘世外桃源’，‘天下乌鸦一般黑’，到哪里都存在进步势力和反动势力的斗

李哲寅(中)与舍友仰文渊(右一)等人在国立暨南大学二院宿舍前合影(1948)

《暨南风云——解放战争时期暨南大学学生运动史》书中记载的解放战争时期暨大历次被捕学生名单，包括李哲寅

請國共雙方息爭
滬學聯號召復課
發表宣言望避免犧牲
暨大被搜查捕去五十多人
交大亦有四學生被架失踪

1949年5月29日《大公报》报道的暨大学生被捕的消息

争。而且暨大这个阵地，斗争还要继续下去，这里的斗争需要你。”然后谈到“天下兴亡，匹夫有责”，有为青年应有担当精神。我终于被他说的一番道理说服，放弃了去北京的打算。

两个多月以后，他与我又做了一次深谈。那时，他已被迫离校，但还没有离开上海。他约我在复兴公园喷水池边见面。这次谈话，开门见山与我谈入党问题。他说，他明天就要离开上海了，今天也是告别，谈这个问题可能只是开个头。“革命斗争的需要，党要把具备入党条件的同志吸收入党。”他严肃地说，“但是，相信马克思主义，决心跟共产党走的人，并不等于可以入党。要参加共产党，还必须随时准备为党和人民牺牲一切。换句话说，要为党的事业贡献自己的一生。这里有一个人生观问题：人的一生究竟应该怎样度过？共产党员必须确立为共产主义奋斗终生的理想。”他接着问我：“你想过这个问题吗？党组织根据你的表现，现在向你提出这个问题。希望你认真考虑后，给我一个答复。你考虑成熟后，会有别人来和你联系的。”我坦率地说：“我还从来没有考虑过，希望给我一个星期的考虑时间。”这是一次触及灵魂的深谈。经过一个星期的激烈思想斗争，认真地思考了在白色恐怖环境下可能遇到的种种问题，最后我决定，把自己献给党。

接着，与我联系的是王昭临同学。他和李元勋就成为我的两位入党介绍人。组织批准

1949年10月2日，李哲寅摄于跑马厅(今人民广场)

以后，1948年元旦举行了入党宣誓。领我宣誓的是费志融同志，他是暨大地下党在五月运动中遭到敌人破坏后重新派到暨大来的主要负责人。我们在虹口公园僻静处坐定后，他开始谈话，详细解释了入党誓词。结合斗争和思想实际，讲得深刻而生动，足足讲了两个小时。这是我听到的一次最好的党课，印象十分深刻，至今难忘。我开始懂得应该怎样做一个共产党员。

从此，我就在费志融同志的直接领导下工作，直到1948年7月。这是我入党后在党的

李哲寅刚到党校工作时(1980)

李哲寅(右二)与费志融(右三)等当时的地下党员合影(1999)

领导下工作的第一个半年，耳濡目染，得益良多，对我以后的工作帮助极大。

回顾壮丽七十年，我为祖国惊天动地的成就无比自豪！感受最深的是我们党强大的生机活力和坚强的全面领导。正如习近平同志所说：“对马克思主义的信仰，对社会主义和共产主义的信念，是共产党人的政治灵魂，是共产党人经受住任何考验的精神支柱。”我们党之所以经历艰难困苦而发展壮大，很重要的一个原因，就是我们党始终重视思想建党，理论强党。这确是党永葆青春的法宝。

最后以一首自创的小诗作为自勉。

天山飞雪上眉梢，
耄耋之年志莫销。
有幸欣逢新时代，
初心不变气自豪。

一名军医的峥嵘岁月

陈毓权

采访时间：2019年5月10日

陈毓权，1929年7月出生，山东烟台人。1945年1月参军，任山东胶东军区东海军分区后勤见习卫生员。解放战争时期，任山东胶东军区东海独立团卫生员，华野九纵队第二六师七八团卫生员，华野九纵队教导团学员，华野九纵队第二六师七六团卫生员、卫生班副班长、卫生班班长。参加过淮海战役、渡江战役和解放上海等战役，荣立二等功一次、三等功七次。1947年2月加入中国共产党。新中国成立后，任中国人民解放军第二七军八〇师二三八团二营卫生班班长、见习医生，中国人民志愿军第二七军八〇师二三八团二营见习医生、军医，〇一〇〇部队一支队卫生连军医、中国人民解放军第九九医院肺科军医、第一一九医院外科军医，上海警备区第二卫生所、机关门诊部军医，上海警备区船运大队卫生所所长兼军医，卢湾区医化所、结核病防治所党支部书记。1989年离休。

走上抗日救国的道路

抗日战争时期，我目睹了日本帝国主义肆意侵占山东、屠杀我们同胞兄弟姐妹的罪恶暴行，也见证了日军飞机轰炸学校的野蛮行径，我看着自己的亲友们一个个死于日本鬼子的枪下，心里对日本侵略者充满仇恨，发誓一定要抗日救国，为惨死的父老乡亲们报仇。

我是16岁入伍的，参军前因小学被日军飞机轰炸，无法读书。当时家里人多地少，加上闹春荒，粮食根本就不够吃，只能挖野菜充饥。我就是在这种情况下，通过我母亲村里的人介绍，于1945年1月3日与邻村的一个青年人翻过昆嵛山，投奔山东解放区。后又经人引导来到山东胶东军区东海军分区东海弹药厂。

那时候，解放区是用战争开辟出来的，没有根底，一切靠自力更生。弹药厂总人数约二百人，主要是制造地雷和手榴弹，也制造步枪，同时也修理一些从前线送来的各种损坏武器，包括山炮、机枪、冲锋枪、步枪等。由于设备简陋，厂里只有二台车床，一台是铣床，另一台是刨床。尽管简陋，但当时很需要。枪筒制造是由一名技术工人掌握，两名工人手摇铣床，把一根根圆钢铣出枪口来。领导上分配我跟一名老师傅手摇刨床，制造刺刀和其他枪械部件，再加上木工师傅造出枪托，最后组装成崭新的仿日式三八大盖步枪。虽然这种仿造出来的日式三八大盖步枪质量不太好，子弹也不多，但拥有杀伤力，成批发放到部队，日伪军见了也是望而生畏。弹药厂所制造的地雷和手榴弹，在生产工序上，先由翻砂工人制造出铸铁模型，再由装配工人填装火药和器件，完成颇具威力的地雷和手榴弹。抗战时期，山东海阳地

陈毓权

区非常著名的“爆炸大王”民兵队长于化虎(影片《地雷战》中主人公民兵队长赵虎的原型)所使用的地雷都是由我们弹药厂生产制造的，威震敌胆。

当时，日伪军对我们弹药厂恨之入骨，进行过多次“扫荡”。我们不断转移，同时动手挖地洞，深埋掩藏生产机器，与之展开周旋，等敌人走后再取出来，继续生产，坚持斗争。

我在弹药厂当了两个月的工人，以后又被调到医务室工作。后来因形势需要，不到半年时间，我又调到山东胶东军区东海军分区独立一团担任后勤见习卫生员、山东胶东军区东海独立团卫生员。

淮海战役中火线入党

再后来，我担任了华野九纵队教导团学员、华野九纵队第二六师七八团卫生所卫生员，华野九纵队第二六师七六团卫生员、华野九纵队第二六师七八团卫生班副班长、华野九纵队第二六师七八团卫生班班长等职，参加了淮海战役。

在淮海战役中，我们一个团消灭了国民党军四个团，华野首长授予全团集体一等功，以资奖励。我军官兵在战场上有许多牺牲者，其间也有负了重伤尚活着的，前去抢运遗体和伤员的干部和战士往往也会受到敌人的冷枪射击，倒下过一批又一批人。因我在芜湖战役中不怕牺牲，救死扶伤，收容伤员，打盐水，包扎伤口，先后荣立过二等功一次、三等功七次。因表现突出，我于1947年2月被批准火线入党，并且还被送到师训练队学习，后又在军教导团学习了十个月。

追忆渡江战役

谈起解放战争时期著名的战役的话，很多人都会想起辽沈、淮海、平津三大战役。其实，当时不仅有著名的三大战役，还有一个十分重要的战役，也是我们今天要追忆的一段历史，即渡江战役。渡江战役是解放战争中具有关键意义的战役。经过辽沈、淮海、平津三大战役以及在战略决战阶段的其他战役，国民党军大部主力已被歼灭，人民解放军已经解放了东北全境、华北大部、西北一部和长江中下游以北广大地区，各解放区连成一片，

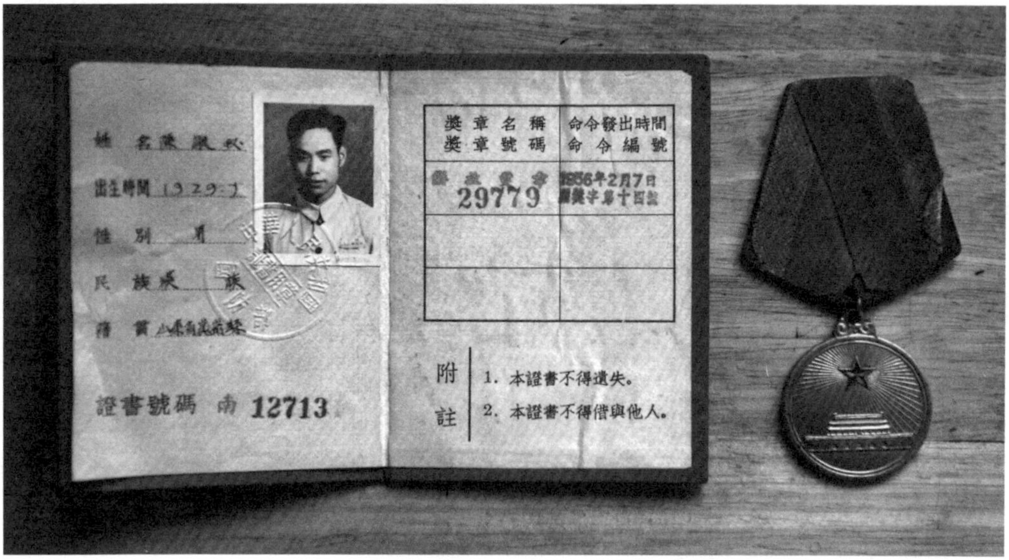

解放战争奖章证书及奖牌

取得了决定性胜利，完全控制了长江北岸。国民党军在长江以北完全没有立足之地，已退缩到长江南岸，妄想借长江天险垂死挣扎，企图阻止我军渡过长江解放全中国，长期对峙，划江而治，出现中国历史上第二个南北朝，等待时机再卷土重来。

1949年3月21日，我当时所在的部队是中国人民解放军第三野战军第二七军八〇师二三八团，我那年才20岁，因淮海战役第二阶段中时任第二七军八〇师二三八团二营卫生班班长于秉海负伤，我便由团卫生队派到驻营地，协助卫生所军医曲忠义在战时包扎，抢救伤员，平时担任全营卫生防疫和医疗工作。

渡江是一个战略布局，丝毫不能忽略，必须要做好渡江前的各项准备工作。1949年3月21日，我跟随全团官兵，经过九天的连续急行军，到达安徽无为县长江北岸，要在这里学习水上训练，熟悉水上拖船、划船、水上射击和滩头冲锋等。我们来到这里遇到很多困难，这里的一切都是新的，水网稻田纵横，天气阴雨连绵，和当地老乡语言不通，对岸有敌军多年的坚固阵地。除了敌人的层层阻碍，长江的自然条件也十分恶劣。渡江战役下游江面宽达2至10余公里，水位在每年4～5月间开始上涨，特别是5月汛期，不仅水位猛涨，而且风大浪高，影响航渡。无为县是新解放区，群众觉悟较低，老乡们怕过江时会把船打坏、怕自己被打死，这给船只民工征集造成很大困难。除此之外，还听到许多流言蜚语，什么“江无底，海无边，燕子飞过要三天”“三国时曹孟德83万人马大败于长江”“长江无风三尺浪，遇上江猪会翻船”，等等。而当时上级给我们的命令是，可以从山东胶东沿海征集部分船工和船只，更主要利用当地征集渡船和船工，要求各部队领导克服困难，深入船工家庭，访贫问苦，进行形势教育，和他们讲：我们一定会打过长江去，解放江南的老百姓。经过工作，船工们的阶级觉悟有所提高，纷纷表示：解放军是我们的好兄弟，我们一定会把解放军送过长江去。部队领导召集他们共同举行联欢会，同舟共济打过长江去。

1949年4月20日，国民党政府谈判代表最后拒绝在《国内和平协定(最后修正案)》上签字。中央军委立即向各部队下达作战命令，当晚22时，长江南岸发出万炮轰鸣，江上万船齐发。我们几位团领导都在船上，在一营一号船上有团长王挺，在二营四连船上有宋奇光政委，在三营七连船上有副团长兼参谋长阎川野(担任指挥船)。我们团从安徽荻港以北的灯塔凤凰嘴2～3公里的江面上，像一把利剑插上长江南岸国民党第八八军的江防地带，约半小时登陆。到4月21日，全军突破江防，占领了老牛埠、灵山寺后，敌军犹如惊弓之鸟，全线溃退。

解放大上海

为了扩大战果，不给敌人喘息机会，我全团官兵听从毛主席的号召“宜将剩勇追穷寇，不可沽名学霸王”，丢下背包，轻装前进，日夜兼程，连续八昼夜，每日平均行程一百三十里。部队极端艰苦，饭也吃不上。有个老兵嘴里顿时哼出一段顺口溜：“老八路，下江南，一天跑路一百三，饭还未吃饱，就要把路赶。”我们团行军至浙江嘉兴进行休整后，于4月25日移防泗泾地区作攻沪准备。从嘉兴到松江近半个月的时间，部队进行了《三大纪律八项注意》《入城守则》和《中国人民解放军布告》(《约法八章》) 以及秋毫无犯等入城政策纪律教育，使大家认清：上海是国际性大城市，政策执行得好与坏，会影响到全世界。因此，指战员制定了如何遵守《约法八章》计划，为解放上海、接管上海奠定了思想基础。

上海是中外闻名的大城市，要保护城市建设，在城区进攻严禁使用大炮和炸药包，有个成语叫做“投鼠忌器”，讲的是打老鼠要防止打坏贵重的器皿。指挥上海战役的第三野战军陈毅司令员，大家都叫他“陈老总”。他在部署上海战役时说，解放上海就像“瓷器店里打老鼠”。这个生动形象的比喻，一级一级传下来，不用多作解释，大家就明白，就是既要解放上海，又要使大上海的建筑和人民生命财产尽量不受损失。当时还提出“让大炮休息，让炸药靠边”，在进攻市区时，要求主要使用轻武器，放慢进攻节奏，不准开炮、用炸药，不能打坏居民房屋。

1949年5月12日，上海战役(时称淞沪战役)打响。5月15日，团奉师令，由二三八团二营二连和团侦察分队到七宝镇侦察敌情，并修补桥梁道路，保证主力通过。13时，二连发现镇内有敌军一百多人，即向团部请示攻击，但二连在未接到团部命令时，就盲目下决心和军侦察连协同出击，遭到国民党守敌青年军一部的疯狂抵抗。二连被阻在前沿，由进攻转为防御，与敌相持两个昼夜，但未能攻入镇内。5月17日，二三九团接替了二连防务。5月19日，解放上海外围战役打响，我们团于5月21日10时在莘庄一带监视正面敌人。5月22日，二三九团攻克七宝镇后，我团又返回七宝镇以事待命，之后奉命向虹桥西南的五号桥发起进攻，三营为主攻，从王家厍向桥上攻击，5时45分攻击开始。九连以8分钟突破桥头堡，而后迅速攻占了余家北宅。二营待三营突破后，于6时破坏敌鹿寨，架设浮桥。因架桥人员伤亡，部队涉水冲向对岸，夺取了蔡家宅、王家庵。至5月24日，我团相继占领了五、六号桥和龙华机场和铁路。5月24日晚，我团突破木城，进入市区。为了使城市建筑少受损失，把这座城市完好无损地夺取过来，部队在半月前就接到粟裕签署的命令，进入市区后一律禁止使用火炮和大量炸药，包括迫击炮也不准用。而苏州河一带的作战条件对我们非常不利，敌军凭借北岸的高大楼房和围墙厚实的工厂、仓库等钢骨水泥建筑，以严密的火力网，封锁河面和河道南岸马路，每个桥头都有坚固的碉堡，不时有多辆坦克巡逻。

当时苏州河南岸的马路毫无遮拦，完全暴露在敌军的火力控制下。桥头附近的高压线全部被打断，桥面、栏杆、电线杆、马路路面、沿街房屋无不弹痕累累。我们冲过马路、夺取桥头，几次都未能成功，还付出了不小代价。特别是进攻外白渡桥的部队，遭到对岸二十六层百老汇大厦及其附近楼房上敌军机枪的密集、交叉扫射，伤亡很大。全团部队完全使用轻武器，与敌战斗，我团以一、二营在占领徐家汇车站、教堂和交通大学后，沿斜土路、淮海路向东攻击，一直打到黄浦江外滩。至此，上海全部解放。

经过连日的战斗、追击，同志们没得到一宿的安眠，战斗下来的部队都静悄悄地坐在马路边上休息。

部队刚刚进入上海市区警备时，有些市民对部队不了解，纷纷关门闭户。为了不打扰城市居民的生活秩序，上级命令部队不进民宅，我团官兵全部露宿街头。在福州路、河南路、滇池路、宁波路一带，在蒙蒙细雨当中，大家和衣熟睡在湿漉漉的洋灰(水泥)地上，睡了三天。部队刚进入市区，后勤都在郊区，部队规定车、马不准进市区，每日三餐都由炊事班在上海郊区做好，用人力将饭菜送到市区来，一天好几次。那时天公还不作美，前三天连降大雨，我们便栖息在居民的屋檐下躲雨，没有一个人进入民房，战士们说："下雨怕什么？渡江急行军一天一百五，不吃饭不睡觉全部都忍受了，我们湿衣挨冻怕什么？"市民们见到部队纪律如此严明，知道这真是人民的军队，于是纷纷开门让户送开水。其间，也有少数市民嫌弃我们身上的衣裳有股难闻的异味，而我们的干部战士却不以为意。我们部队坚决遵照上级命令，一不入民宅，二决不扰民，做到秋毫无犯，不惊扰市民，不跨进民房。人民解放军这种高尚美德和严明纪律，感动了全上海的市民，被后人传为佳话。

5月26日，我团奉命担负黄浦区的警备任务，区域为：东至黄浦江，西至河南路，北至苏州河，南至民国路。

全团看管的机构有：东莱银行、中国国货银行、大康银行、光华银行、中国实业银行等16家银行，以及《和平日报》社、上海行政院、物资供应局、陈联昌木器厂、上海市卫生局、防疫纵队、《中央日报》《大美晚报》一些报社与建设大厦、英国驻沪领事馆等处。

我团警备的是上海最繁华的地区，南京路也在该区域内，旧政府机关多，银行多，外国侨民多。当时，我一直在黄浦区福州路一个原消防队驻地，这里作为临时卫生所给全营

解放军严守纪律，不扰民，露宿街头
(陆仁生摄)

1949年7月7日，上海军民举行纪念“七七”、庆祝上海解放大游行

官兵看病。

到6月11日，我所在部队奉命离开上海市区，到松江县泗泾镇进行航海训练，准备解放台湾。

1949年7月6日，为纪念“七七”抗战12年、庆祝上海解放，上海军民在虹口区北四川路(现四川北路)举行了有史以来第一次大阅兵、大游行，这是当时人民力量的总检阅。

当时，我团官兵听到三野首长要在江湾路检阅部队后，群情振奋。这天，风和日丽，阳光明媚。我们在团长王挺、政委宋奇光的带领下，乘着刚从军需库开出来的崭新大卡车(有近百辆)，举行入城式。部队在着装上还有规定，连以上干部腰挎手枪，排以下干部和战士每人手持美制卡宾枪(从未用过，有数千支)。每辆大卡车等距离缓开，到

参加抗美援朝战争获得的证书及纪念章

阅兵主席台前，看到陈毅、粟裕和其他首长向我们敬礼。

艰苦卓绝的抗美援朝战争

1950年美军从仁川登陆，战事紧张，部队又奉命入朝参战。其间，我所在的志愿军九兵团二七军八〇师二三八团部队在抗美援朝战争第二次战役中，于长津湖的东线，经过一场艰苦卓绝的战斗，配合兄弟部队，终于全歼了素有“北极熊团”之称的美七师三一团，并缴获团旗，沉重打击了美军的士气——这是在整个朝鲜战争中，志愿军唯一成建制地全歼美军部队。

长津湖是位于朝鲜北部最大的一个湖泊。此战中，来自华东江南地区的志愿军第九

20世纪50年代从朝鲜回国之后在上海拍摄

兵团(含第二〇、二六、二七军)主要是南方江浙地区的部队，穿着一斤半的薄棉衣(在东北地区12月份要穿四斤棉花的厚棉袄，遇上降温还要再加棉军大衣)在将近零下40℃的温度下与美军血战，成为中美两军军史上最为残酷的重大战役。九兵团有三个连队，成建制地全员冻死在阵地上，他们的番号是二〇军五九师一七七团二营六连、二〇军六〇师一八〇团一营二连和二七军八一师二四二团二营五连。战史记载，在17天的长津湖之战中，九兵团冻伤减员28954人，这里的冻伤减员是指冻伤到丧失战斗力的程度，实际上九兵团从上到下，人人都有不同程度的冻伤。就算是拥有羽绒防寒服的美军陆战一师，也有7700余人冻伤，可见当时的天气已是极端恶劣。由于严寒，班排级干部十九个人中因严重冻伤非战斗减员的竟有七八人，而且在一周内反复发作，最终被送回国内。战斗结束后，我们扒下美军尸体上的大衣、皮靴，搜集御寒用的军毯、鸭绒睡袋。

当时，我在志愿军第二七军八〇师二三八团二营防疫卫生班任班长，平时教学包扎伤口，战时处理伤员，前后参加过抗美援朝战争中的五次战役，至1952年下半年随部队奉命回国。

(后期整理：安然)

亲历开国大典与三见毛主席

陈素珍

采访时间：2019年3月29日

陈素珍，女，1931年2月出生，江苏人。1945年7月进入上海中纺十二厂工作，车工。1946年4月加入中国共产党。1948年下半年起任中共地下党支部女工支部委员。上海解放后，参加厂工会筹备工作，任女工委员。1949年7月至1950年5月，中国新民主主义青年团中央团校二期学习。1949年10月1日，参加在天安门广场举行的中华人民共和国开国大典。后任新民主主义青年团卢湾区委青工部部长、共青团卢湾区委副书记。1957年1月，在新民主主义青年团上海市第三次代表大会上当选为全国代表，5月赴京出席中国新民主主义青年团第三次全国代表大会。1960年4月起，任卢湾区五里桥街道办事处组长、副主任，嵩山街道办事处主任，瑞金街道办事处副主任、党委副书记，卢湾区集体事业管理局副局长、党组副书记、调研员。1988年离休。离休后任区经委离休干部党支部书记。

在革命摇篮中成长

因家境贫寒，我12岁开始做童工。1945年，进入日资企业大康纱厂(上海中纺十二厂的前身，解放后改为上海国棉十二厂，解放时有职工4千余人，中共地下党员155人，当时在沪东地区有“红色堡垒”之称)布机车间做工。我进厂不久，地下党员周金娣开始接触我，找我谈话，关心地询问我小小年纪外出做工的原因。我说做工是因为家庭贫苦。她常与我交流和沟通。通过教育，我的阶级觉悟得到了提高。认识到造成贫苦的原因在于日本帝国主义的侵略和国民党反动派的压迫及腐败统治，工人阶级要想摆脱贫苦，翻身做主人，必须团结起来，推翻帝国主义、封建主义、资本主义三座大山。共产党是工人阶级的救星，只有共产党才能领导工人阶级翻身解放。因此我下定决心跟着共产党，走上革命道路。1946年4月，向党组织递交了入党申请书，加入了中国共产党。

入党以后，我积极参加革命活动。先后参加了1946年4月30日上海各界知名人士在玉佛寺举行的“四八”烈士追悼会，1946年5月1日中纺十二厂赤色工会(中共地下党组织控制)组织的二千多纺织工人参加的纪念五一国际劳动节群众示威大游行活动，1946年“六二三”反内战大游行，1947年5月“反饥饿、反内战、反迫害”示威大游行。

咱们工会有力量

积极参加革命活动的同时，我还参与由地下党组织领导的中纺十二厂工会活动。

工会常通过收取会费的方式，帮助一些家庭困难的工友。1947年4月4日，工会正在收取会费，受到国民党特务的无理阻挠。两个特务试图以暴力阻止，两位地下党员劝说无效，在生命受到威胁时，赶到现场的工会理事长(中共地下党总支书记)佘敬成开枪击毙了反动特务，保护了自己的同志，后被捕入狱。为了营救佘敬成，决定请律师，但请律师需要费用，根据地下党的指示，我发动工人募捐。在1947年9月29日开庭那天，地下党组织发动上海沪东沪西棉纺厂两三千工人到浙江路、乍浦路上的国民党上海地方法院，大闹法庭，在法庭内外不断喊冤叫屈，声援救人。我在电线杆上、墙上、马路上写“佘敬成冤枉”。1949年上海解放后，5月29日，我们数百名工人去提篮桥迎接佘敬成出狱。佘敬成结

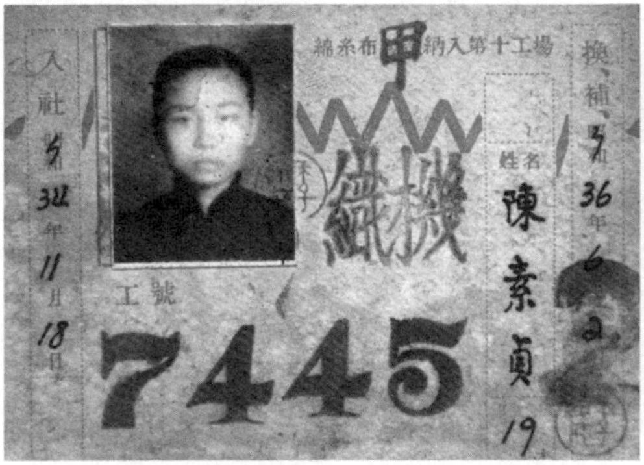

陈素珍在中纺十二厂时的工作证

陈素珍(右一)与入党介绍人周金娣(左一)合影(1946)

束了七百多天的牢狱生活，获得了新生。胜利的喜悦，战友的重逢，难以言表。

中纺十二厂工会的一系列活动，引起了国民党反动当局的注意，阴谋策划成立新的工会，推翻老工会。为此，中共地下党组织要求甲班、乙班车间(均以女工为主)支部和机修车间(以男工为主)支部共三个支部，开展反对成立新工会、拥护老工会的斗争活动，过程中引发了在同厂做工夫妻、兄弟、父子母女之间的矛盾。

当时，厂内门口放两只木箱，一只木箱是拥护老工会，另一只是支持成立新工会，让工人上班时投票。因为我们宣传工作做得到位，群众基础好，使拥护老工会的票数占据了优势。我们还发动工人按手印(代替签名)。当我完成任务准备上文组织汇报时，遇上了黄色工会的特务。那时我的个子很小，他一把抓住我的手，想要抢夺我手中的工人按好手印的纸张，我佯装要踢他，他一松手，我趁机逃脱，交给了组织。在各方的努力下，最终赢得了胜利。

在新老工会斗争过程中，工会会费收取困难，但会费的需求大，只能依靠地下党组织的成员捐钱筹钱。我动员工人募捐：为申九“二二”惨案募捐筹款，支持工友的基本生活；为因房屋坍塌、脊柱受伤的地下党员募捐，筹集钱款支撑其老母的生活开支。

其间，我担任了中纺十二厂女工党支部委员。我在工人中积极宣传，启发工人阶级觉悟，积极发展新党员；坚持做好每月一次的党费缴纳，每两周一次的党内组织生活，畅谈

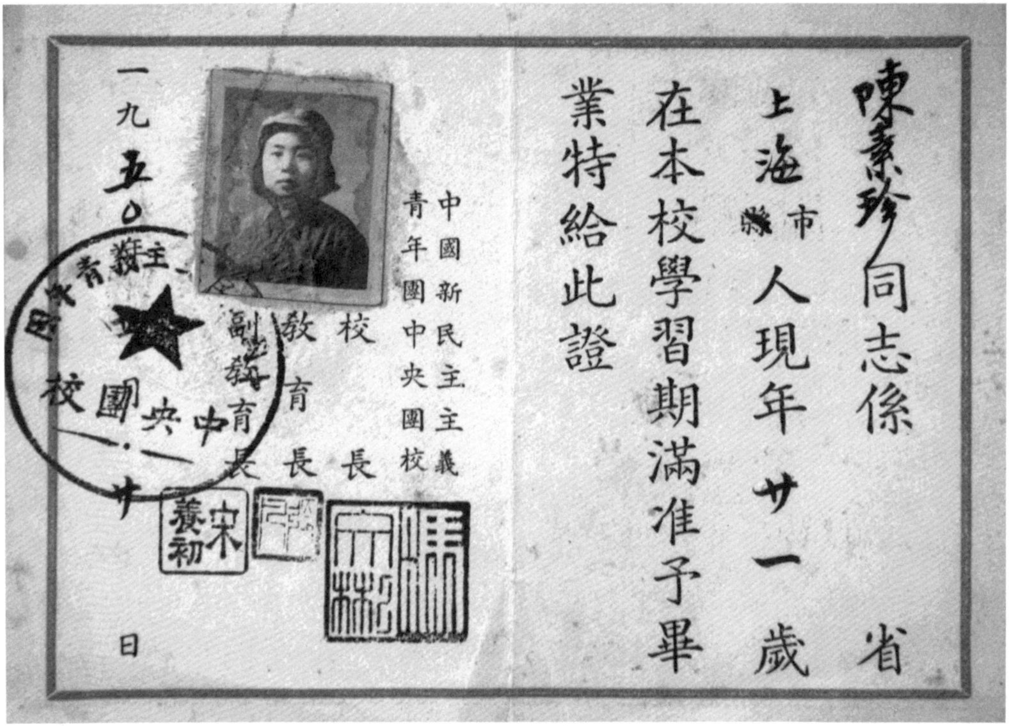

陈素珍的中国新民主主义青年团中央团校毕业证书

或交流厂内革命斗争情况。我还通过单线的方式联系甲班布厂车间七八个党员同志，前后发展吸收了三名工友入党。

迎解放、庆解放、话解放

1949年5月中旬，上海即将迎来解放。为迎接人民解放军，我们到隐蔽性较强的党支部书记家中，赶制印有“人民保安队”字样的袖章，大家又裁又剪又缝。我还偷偷瞒着家中把两把剪刀带出来，以便使用。

上海解放后，我参加了国棉十二厂工会的筹备工作，担任女工委员。参加了1949年7月6日上海市各界人士为庆祝上海解放、欢迎解放军进城的“七六”大游行活动。同年7月

14日，组织通知我乘坐大卡车到北京路上的上海人民广播电台，畅谈参加“七六”大游行的感想。我抒发了我们工人阶级翻身当家作主人的心声：“以前我们要游行，就要有给反动派的‘飞行堡垒’捉去的准备；今天解放军同我们并肩游行，工人阶级真正翻了身。”后从报纸上了解到，这也是上海解放后，上海工人代表第一次登上上海人民广播电台现场讲话，对此我感到非常自豪，不仅为第一次登电台讲话感到自豪，更为工人阶级的真正翻身开心。

中央团校的学习和生活

之后不久，组织通知我到河北良乡县进入中国新民主主义青年团中央团校第二期学员班学习。中央团校于1946年9月由中央青年工作委员会筹建。1948年9月，经党中央的批准，中央团校在当时的党中央所在地——河北省平山县建立。1949年7月到了良乡县。1949年8月20日进行开学典礼，22日正式上课。

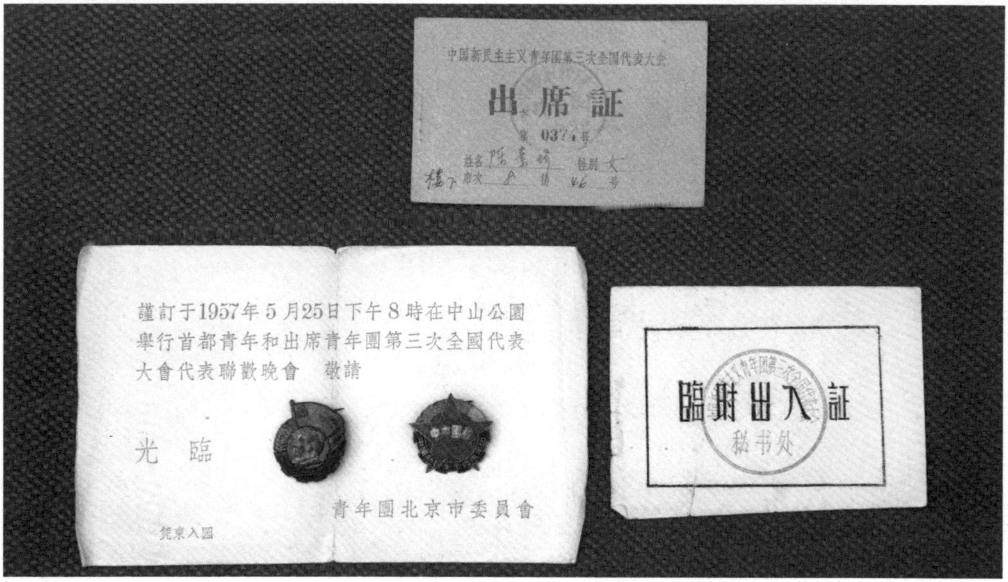

陈素珍珍藏的中国新民主主义青年团第三次全国代表大会出席证

1957年5月25日中国新民主主义青年团第三次全国代表大会闭幕后合影

中央团校的生活条件艰苦。良乡县实际只有一条大街，从东走到西大约只需半小时。没有校舍、没有教室、没有桌椅。来自全国各地的学员被安排寄宿在翻身农民家中，在坑上睡觉，在坑上吃饭，在坑上学习和小组讨论。每天喝小米粥、啃窝窝头。平时，男学员负责挑水，女学员则负责搞卫生。1949年11月，中央团校迁至北京，饮食有所改善，一周一次大米饭，一次荤菜，总是肉和海带。

在中央团校学习其间，我有幸系统学习了马克思列宁主义理论、中共党史、工人运动史、青年运动史、妇女运动史、社会发展史等。虽然上课没有规律，吃饭没有规律，也没有固定授课教师，刚开始学习时坐在土地上，后来坐在七寸砖上，再后来带着小木凳坐着上课，但大家一点都不在乎，用满腔的热情投入学习中。别看学习条件不好，我们那时的教学质量真心高。当时，来中央团校授课的很多都是中央首长和各部门领导，我记得的就有：廖承志(主讲中国革命史)、邓颖超(主讲中国妇女运动史)、彭真(主讲中共党史和哲学史)、谢觉哉(主讲政法史)、项南和蒋南翔(主讲青年运动史)、刘少奇(主讲工人运动史)、王明(陈绍禹，讲司法常识)等。

亲历开国大典，初见毛主席

1949年9月29日晚上，中央团校党委副书记兼副教育长宋养初告诉我们一个好消息，

陈素珍(二排中)

10月1日集体到北京参加开国大典。同学们兴奋不已，按捺不住激动的心情，唱啊跳啊笑啊，大家都盼望着幸福时刻快快到来。30日下午，大家背上行李从良乡县出发乘火车到北京市第八中学，把教室当寝室，把课桌椅当作床。

1949年10月1日上午9点，我们吃过早饭，带上干粮，列队整齐朝着天安门广场前进。中央团校的队伍被安排在天安门广场最前排、中央旗杆东西两侧，面对着天安门城楼，抬头就可以看见笔直耸立着的旗杆，这可是最佳的位置！

下午3点，大地欢声雷动。当广场上空响起《义勇军进行曲》，毛泽东主席、朱德总司令、周恩来总理等领导陆续出现在城楼，全场30万人欢声雷动，红旗挥舞，高呼："中国共产党万岁！""毛主席万岁！"我聆听人民领袖毛泽东庄严地宣布："中华人民共和国中央人民政府今天成立了！"《义勇军进行曲》随着冉冉升起的新中国第一面五星红旗再次响起。与此同时，54门礼炮齐鸣28响。每一响54门大炮齐发，代表着54个少数民族(当时统计数字)，共齐放28响，象征着自1921年建党到1949年新中国诞生，党领导人民英勇奋斗28年。

升旗仪式之后，毛泽东主席宣读了《中华人民共和国中央人民政府公告》。紧接着，举行了规模浩大的阅兵式。颇为壮观的是飞越天安门广场上空的人民空军战机和由西向东分别

1949年10月1日，中央团校第二期学员参加开国大典

身跨黑、白、花色高大战马的骑兵队。

阅兵仪式结束后，是30万各界人民群众的观礼游行。游行队伍经过天安门城楼，大家齐声呼喊："毛主席万岁！毛主席万岁！"毛主席在天安门城楼上探出身子，向大家亲切地挥手致意，不断地回应："人民万岁！青年万岁！"

开国大典庆祝活动到晚上9点多才结束。当时，我们中央团校是最后一个离开开国大典观礼现场的队伍。当经过天安门城楼前的金水桥，仰望伟大领袖毛主席和中央领导，大家激动万分，不愿移步离开，一边热烈欢呼，一边纵情齐声高唱："年轻人，火热的心……"

回到寄宿地第八中学已经是深夜了，但我久久不能入睡，思绪万千。我想，参加开国大典应该是我一生当中最高兴、最开心、最幸福的事情吧！

这也是我人生中第一次见到毛主席。

开国大典结束后，10月2日，我们便返回良乡县，继续学习。

与团工作结缘，又见毛主席

1950年4月26日，中央团校二期学员班的毕业典礼在北京中南海怀仁堂举行，毛泽东主席、朱德总司令等中央领导出席了毕业典礼。朱德总司令代表党中央讲话，勉励我们戒骄戒躁，回去后继续学习，为解放全中国和建设新中国贡献青春力量。后由团校学生代表向党中央、毛主席献辞，汇报学习心得。

这是我人生中第二次见到毛主席。

1950年5月，我返回上海工作。先后任中国新民主主义青年团上海市卢湾区委员会青工部部长、共青团上海市卢湾区委员会副书记。

1957年1月，出席中国新民主主义青年团上海市第三次代表大会，当选为青年团第三次全国代表大会代表。

1957年5月15日，我参加中国新民主主义青年团第三次全国代表大会(为和团代会衔接，

1957年5月22日，上海市出席共青团第八次全国代表大会代表合影(前排左二陈素珍)

后改名为中国共产主义青年团第八次全国代表大会)，毛主席、胡耀邦等中央领导出席开幕式并分别致词，发表重要讲话。我再次聆听了毛主席对青年的谆谆教导与殷切希望。毛主席说：“共产党是中国人民的领导核心，共青团是中国青年的领导核心。”让我印象深刻。

这是我人生中第三次见到毛主席。

1957年5月25日代表大会结束，这次我和青年代表们有幸与毛主席合影留念。

回到上海后，我曾主持在上海文化广场举行的由共青团上海市卢湾区委组织的五千人青年代表大会，李白烈士夫人裘慧英女士应邀到会向大家生动地讲述了红色革命历史，青年们深受感染。

(后期整理：杨慧如)

我的军旅生涯

张世禄

采访时间：2019年6月28日

张世禄，1931年8月出生，江苏涟水人。1948年7月参军。先后任华野一二纵三六旅一六六团警卫连战士，中国人民解放军第三野战军第三〇军九〇师一六六团炮兵连战士，第三〇军九〇师部炮兵连副班长、班长，第三〇军九〇师部炮兵连代理文化教员，第三〇军九〇师文工团文书等职。1949年5月在解放上海高桥战斗中光荣负伤。1949年7月加入中国共产党。1950年4月起，南京三野司令部青年干部学校学习。1950年11月，从部队转业到上海，先后在上海市人民检察署、邑庙区检察院、南市区检察院、市公安局南市分局等处任职。1991年离休。离休后，担任黄浦区委老干部局离休公安干部党支部书记。

我在家乡涟水

1946年，人民解放军华中野战军和国民党部队在江苏涟水交战，即涟水保卫战。有一部红色经典电影《红日》，开头描写的便是涟水保卫战。这里的涟水就是我的家乡。

说到参军，要从1940年说起。

1940年，抗日战争进入相持阶段，因李干成(李源潮之父)与我父辈是故交，对我们一家人很是照顾。年仅10岁的我跟随母亲、兄弟四人、侄女一家六口人逃入李干成乡下家中避难，父亲则留在家乡县城做工赚钱。李干成当时是中共地下党员，专门开展地下党组织工作，因此以家为根据地开展工作，经常教育并引导我们兄弟，在我们心中投下了参与革命的种子。到了1942年秋，李干成看到环境逐渐变得恶劣，生活难以维持，在侵华日军开始扫荡前，又带领我们一家六口人跟随淮河大队游击队生活。半年后，因部队转移频率高，流动性大，拖家带口很困难，便动员我们返乡回家，两个哥哥则选择参军留在部队。

1946年解放战争开始，江苏涟水属于国民党统治区，由于我两个哥哥参加解放军，国民党军统特务经常欺压我们，并将我母亲抓走，逼迫她把哥哥找回来。我母亲被关押拷问了几天后被放出来，继续逼迫她找儿子，她便到乡下几个地方假意寻找，后回复军统特务找不到人。我也曾被“抓丁”。

有一天，我正跟随着父亲拉柴火，遇到国民党军整编第74师抓兵入队，强迫我参加国民党军。我心里极不愿意，因害怕担心，忍不住哭泣。好在看押我的一个国民党士兵也是穷苦家庭出身，同情我，故意提示我出去解手，我领会了他的意思，说要解手。他就把我送到后院门口，说：“快跑啊！”我撒腿就跑，一路逃回到家中。跑回家中不敢出门，害怕再被“抓丁”。从客观上来说，被“抓丁”当兵这件事促进了我参加解放军，影响是积极的。

参军战淮海

我跟随父亲在家中务农，维持基本生活，可家中贫苦，人口较多，吃穿用度成大问题。且当时的中国还未解放，人民的生活仍然艰苦，作为年轻人，应该参加革命为解放全中国，为人民翻身做主人贡献一份力量。于是，1948年7月初的一天，我和两名小学同学

张世禄全家福

一同投奔了华东人民解放军，那年我18岁。参军后，我被分在华野十二纵三六六旅一六六团警卫连当战士，我的两名同学则到了步兵连。

1948年8月，我随所在部队休整后即奔赴山东战场，参加济南战役。不过，我们部队并非一线主攻部队，主要负责打援战，阻击徐州和鲁南方向的国民党援军。9月济南战役胜利结束后，我所在部队华野十二纵三六旅一六六团警卫连奉命改编为中国人民解放军第三野战军第三〇军九〇师一六六团警卫连。

1948年11月，我所在部队南下，参加淮海战役。一六六团警卫连也改编为一六六团炮兵连(迫击炮连)。军队由徐州东面向山东临沂前进，围攻国民党军黄伯韬兵团所部，并聚歼之。我们一路乘胜进军，继续南下，向徐州靠拢，计划将国民党部队围困在徐州。追打了半个月后，敌人汇聚徐州，企图南逃，部队继续追击将敌人围困至苏皖豫三地交界处。

此时，二野部队赶来，与我三野部队会合，准备与国民党军中在此展开一场大决战。我军各部队聚集60余万人的优势兵力，包围了国民党军50余万人。步兵和炮兵共同作战，逐渐紧缩包围圈，最后淮海战役打了一个月，至1949年1月胜利结束战役。我因不跟着指挥机关走，对整个战役的情况了解不多。

当时部队的粮食供不应求，有时一天只能吃一顿，天气寒冷。但战士们政治觉悟很高，为什么参军？为什么打仗？为谁打仗？为什么参军？为了老百姓，为了自己的家乡，为了解放以后能过上好日子，为了摆脱贫苦生活。所以战士们能够忍受生活的艰苦，挨饿受冻都能扛。

负重过长江

淮海战役结束后，我由原来的三〇军九〇师一六六团炮兵转至三〇军九〇师部炮兵连，任副班长。我随部队休整了一个月，又继续南下。此时，国民党军在长江北岸的驻守部队已基本被我军消灭，准备从长江北岸的西凉山向江心一带的东凉山进军。一开始两三千人挺进西凉山，攻下西凉山不到三天，就接到紧急撤军的命令，当时不清楚突然撤退的原因，后来才知道是为了转换路线过长江，解放上海。

1949年4月17日至18日，我们部队抵达安徽芜湖，准备横渡长江，当时横渡路上有国民党空军飞机来回侦查，炮兵部队只能等待机会，直到4月24日晚才开始过江。幸运的是，过江过程中没有遇到较大的干扰，于4月25日天亮时，顺利抵达芜湖三山镇(今安徽芜湖市三山区)。此时国民党守军已经逃跑了，没有战事发生。

虽然过江没有遇到较大干扰，但我们的行军过程异常艰难。炮兵连的官兵还未过江时，尚能使用骡和马驮拉炮弹，以减轻一定的重量，但准备过江后，骡和马不便使用，只能放弃骡和马，依靠人力背运。过江后，战士肩扛背负几十斤重的迫击炮筒和上百斤重炮座与炮架，为了加快速度，需要一边跑一边背，相当疲惫。江南地区稻田多，雨天多，遍地都是烂泥，不少战士们滑倒在田埂边，加上连续行军官兵劳累，整个过程非常煎熬。但是战友们觉悟高，没有怨言，没有发一句牢骚，因为大家思想上有解放上海、解放全中

张世禄结婚纪念照(1952)

国、实现光明的一致目标。所幸沿途路上，没有遇到国民党守军的抵抗。还得到了老百姓的帮助，有一些老百姓知道我们是共产党部队后，主动帮助我们运武器、运输弹药。为我们减轻了一定负担，加快了行军速度。

升任班长 高桥负伤

我随军先后陆续抵达安徽宣城、江苏溧阳、江苏宜兴等地。抵达浙江长兴时，我因表现突出，由炮兵连副班长提拔为班长。在长兴休整了一天，随即转战上海，准备解放上海。先转至浙江嘉兴和平湖，再进军到东海边和金山卫，接近大上海。

而此时，国民党部队已经开始向吴淞口方向逃跑，它的守备兵力正在向上海市区收缩。我们从上海奉贤、川沙一路追击，直冲国民党部队驻扎地点——高桥地区。高桥镇位

张世禄在南市公安分局工作照

于黄浦江西岸，是通向吴淞口的要道，是国民党逃向海上的咽喉。一旦丢失高桥，国民党部队将无法解决运输问题，无法逃出上海。

我们没有作停留，用了2天2夜时间边打边进，逐步收缩上海高桥外部范围。但被包围的国民党军是老牌部队，负隅顽抗，而且抵抗的强度越来越大，使部队在距离高桥约500米处进攻受阻。1949年5月23日至24日，我们开始在距国民党200余米的位置构筑炮兵工事。因此处小河浜和水沟多，不便挖凿炮兵工事，加上国民党守军在对面房顶上，不断打冷枪袭击，因此进度缓慢。到了25日晚，炮兵工事才完成。然而在此之前，我意外受伤了。

25日中午，我正在构筑炮阵工事墙，搬运木头时，被国民党军用日式歪把子机枪袭击，一连三发子弹猛扫过来，一颗子弹打在战友手臂上，一颗子弹穿过我的左手臂，一颗子弹擦过我的左腋。左手臂的血管被打断，鲜血不断涌出，我看了心里发慌，战友拆下小腿的绑带帮我包扎止血，但是血流不止，马上把我送到连部。连部卫生员再用急救包止血，但我高烧不退，排长下令把我急送师部卫生队包扎伤口。虽然止住了血，但伤口里面有碎骨头，不弄出来要发炎，有截肢的风险。于是将我送到军部医疗队，那个时候没有消毒纱布，只能用盐水不断清洗伤口，伤口钻心地痛。为了把碎小骨头取出，用纱布穿过手臂上的枪洞，在伤口里来回拉扯，把碎骨头一点点拉掉，再用盐水冲洗，这才保住了我这条手臂。但其中一根血管被打断，因当时的技术无法实现血管重接，血管的连接口长在了皮肤上。所幸日式歪把子机枪子弹射入进口大、出口小，没有造成严重后果。也因为这次受伤，我后来被评了一个三等甲级残废。

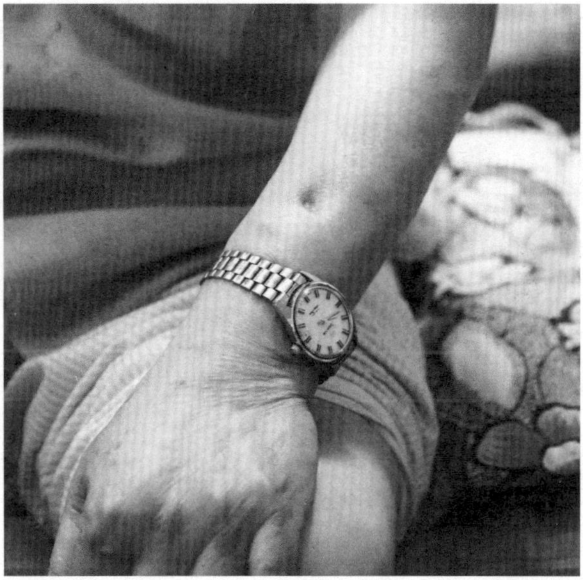

张世禄在1949年解放上海高桥争夺战中被枪打穿手臂的伤疤

我在军部医疗队养一个月伤，6月底便回到部队。养伤其间，班长职位被代替。部队认为我小学毕业，在部队里学历较高，有文化，决定让我做文化工作，留在炮兵连代理文化教员。

成为党员 调离部队

没过多长时间，炮兵连二排班长傅杰、三排副班长唐维喜作为入党介绍人第二次找我谈话。第一次找我谈话是在上海奉城前往川沙的船上，他们两人询问我的入党意愿，我表示非常愿意，希望党组织根据我在上海战役中的表现，决定是否吸纳我为党员。第二次组

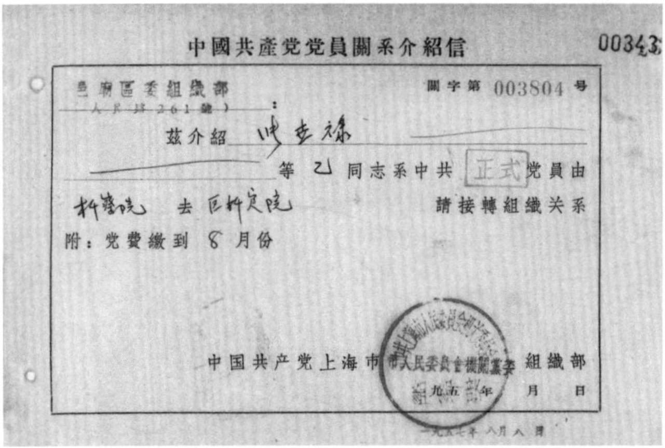

中國共產党党員關系介紹信　00343

邑廟區委組織部

關字第 003804 号

茲介紹

等 乙 同志系中共 正式 党員由

去

請接轉組織关系

附：党費繳到 8 月份

中国共产党上海市　組織部

年　月　日

张世禄党员关系介绍信(1957)

织再找我谈话，我就明白了，组织对于我的表现是满意的。于是我就向组织递交了入党志愿书，向党组织表明为什么要参加共产党，是为了打倒国民党反动派、为了解放全中国、为了解放全人类。1949年7月15日，我被组织批准正式加入中国共产党，成为候补党员。

1949年8月初，师部政治部组织科找我谈话，决定将我调离炮兵连，到文工团当文书。我便服从安排，开始了文工团文书工作，主要是接收上级指示，通过通讯员向上级传达信息。其间因为我服从组织安排，吃苦能干，表现突出，6个月党员候补期不到，便提前一个月于1949年12月15日批准我为正式中共党员。

之后我随部队整编到了嘉兴。1950年4月，部队为培养机要干部，将我调至军部参加南京三野司令部青年干校，学习关于译电员专业的知识。

1950年11月我从南京转业至上海工作，在上海市人民检察署(今上海市人民检察院)任科员、助理检察员，1957年8月调任至上海市邑庙区检察院、南市区检察院任检察员。后长期在上海市公安局南市分局(今上海市公安局黄浦分局)工作，直到1991年11月离休。

有时回想起当年参军的时光，与我一同参军的还有两个人，一个在淮海战役中牺牲，另一个在上海高桥战斗中牺牲。三个人只剩下了我一人，我很幸运。因此，也很珍惜现在的生活。

(后期整理：杨慧如)

愿做常青不老松

祁学喜

采访时间：2019年7月19日

祁学喜，1926年6月出生，江苏洪泽人。1943年11月参军，任新四军四师九旅二十五团一营战士。1944年7月在张楼战役中光荣负伤。在家乡养伤其间，参加抗日根据地土改斗争运动。1945年2月加入中国共产党。后任江苏省淮安县岔河区滨河乡政府民兵中队长、党支部书记，淮安县黄集区西屏乡党支部书记、治安股副股长，淮安县岔河区民政副助、淮安县公安局治安股干事、第二副股长。1952年9月，调入上海市公安局文化保卫处工作，担任科员。后任卢湾区人民检察院助理检察员，区修建公司人事股股长，区房地局淮海房管所党支部书记、所长，区房地局吉安房管所党支部书记、所长，区园林管理所党支部书记。1985年离休。

参加新四军才是唯一出路

我出生在一个贫农家庭，一家人以耕种地主家的地来维持生计。因家境贫寒，我当过雇工，深受剥削和压迫，生活十分艰难。后来日本鬼子来扫荡，抢走农民的粮食，烧掉农民的房子，当地土匪也趁火打劫，那个时候真是民不聊生，我们都十分痛恨日本鬼子。之后，苏北来了新四军，在我们家乡建立了抗日革命根据地，组织并动员大家一起参军，共同抗日。我那时觉得不当兵没有出路，新四军抗日救国，消灭土匪，解救我们穷苦百姓。国仇家恨让我铁了心，今生今世一定要坚决跟共产党走，坚信只有参加新四军才是唯一的出路。

1943年11月，未满18周岁的我毫不犹豫地随一批老乡主动报名并参了军。入伍后，我被分在新四军四师九旅二十五团一营三连当战士。我当时所在的新四军四师师长兼司令彭雪枫，师政委邓子恢，政治部主任吴芝圃。彭雪枫师长很早就参加革命，还参加过“反围剿”战斗和红军二万五千里长征，立下了赫赫战功，深得民心，我们部队所有干部战士都以他为荣。投身这支英雄的部队，我也感到十分光荣与自豪。

入伍不久，我在部队参加队列、做操、投弹、射击、拼刺刀等一系列军事训练，掌握步枪射击要领与规范，练习瞄准打靶，提高射击技巧，也深深感到部队行军作战的艰苦。当时抗敌斗争形势十分严峻，周围条件十分艰苦，因此我们在行军中，常常是饱一顿、饥一顿，还要时刻警惕敌人突然围攻袭击。那时候，我们肩上都背着一个装干粮的米袋袋，行军途中靠啃干粮、吃野菜充饥。部队有规定，即使米袋空了，也不能随意拿老百姓的一钱一粮。遇到有村庄的地方，我们就借老百姓家里灶头烧饭，暂时休整。隐蔽途中实在没有办法埋锅生火，我们也都忍饥挨饿，坚持行进。

由于日伪军兵力占优，还经常四处突袭扫荡，并且实行野蛮残忍且毫无人性的烧光、杀光、抢光“三光”政策，气焰十分嚣张。因此，在当时敌强我弱的情况下，部队不能公开行动，只能夜晚行军，白天隐蔽。部队在作战时也非常谨慎，只有在很大把握取胜情况下才与敌人交战，每战力求取胜。要么不打，要打就要打胜，必须打胜，军号一吹，大家一起冲锋，围攻歼灭。敌人在明处，我方在暗处，这是当时我们军事战斗中的一大优势。

此外，为了防止日伪军的偷袭、汉奸特务渗透进部队驻地，我们站岗放哨都不穿军服，不拿枪，十分小心。

祁学喜参军荣誉证(1943)

不畏险阻 光荣负伤

1944年7月5日至12日，新四军第四师第九旅、第十一旅和淮北军区地方武装对安徽省泗县前张楼、后张楼等地的日伪军发起了张楼战役。我随部队也参加了此次战役。当时敌方有好几个炮楼据点，敌人躲藏在里面向外疯狂扫射，我们起初的进攻效果不好，子弹没有发挥出作用。后来，我们调整战术，几支部队合力围攻，人数在一个团以上，压制住敌人，最终艰难地取得了战斗的胜利。战斗中，敌军的炮火非常猛烈，我在冲向敌人炮楼时不幸负伤，右大腿和臀部各中了一颗枪弹，所幸当时子弹只是伤到了筋骨。随后，我就被送入部队野战医院，及时取出了子弹。

取得张楼战役胜利之后，我们新四军第四师又继续西进，涤荡各地顽军，陆续收复了豫苏区八个县的地区，而我被转移到了后方医院继续治疗。在后方，我一边养伤，一边工作。不久，我得到噩耗，我所在新四军第四师师长彭雪枫在对敌前线指挥中不幸中流弹牺牲，时年37岁。得知首长牺牲，我悲伤不已，也更加坚定了自己继续跟党走的决心和信念。

1944年10月，医院认证我因伤残无法继续行军作战，按有关政策批准我从部队复员并回到原籍。部队后来发给我一本《中华人民共和国残废军人证》，我成为一名三等乙级残废军人。

党叫干啥就干啥

待我复员回到家乡江苏省淮安县时，这里已经成为解放区，但其中还有一部分尚属敌占区，斗争形势依旧严峻。

回到家乡后，我一边养伤，一边也没闲着，主动到乡政府帮忙。那会儿，乡政府正在发动群众开展“减租减息”运动，推行“三七分租、二五减租”的政策。党叫干啥就干啥，积极宣传并动员老乡们参加土地改革斗争运动。在运动中受益的贫苦农民的生产积极性普遍提高，和共产党的心也贴得更紧了。我在工作期间也主动提交了入党申请，接受党组织对我个人的考验。我参加党，就要做出实际行动。国民党的统治区和共产党的解放区是有根本差别的，群众对此眼睛也还是雪亮的。全心全意为人民谋利益，得到群众信任，为劳苦大众服务，就是我入党的愿望。

1945年2月28日，我被批准加入中国共产党。那个时候党员有候补期三个月，需要表现好才能如期转正。因表现突出，同年5月我就经受并通过了党组织考验，宣誓成为一名中共正式党员。当时入党手续是个人填写《入党志愿书》，由区委组织部门或乡支部书记保存。我的入党宣誓仪式是在本乡本村潘延余家里举行的。

关于我在入党之前的思想认识基础主要来自两个方面。首先，参军加入了革命队伍，受到一段时间的集体教育，从思想认识上有了一定的阶级觉悟；其次，我负伤从部队复员回到地方，学习、宣传、推行土改运动政策。改革得到了农民群众的支持，我也从工作中得到了锻炼，进一步提高了阶级觉悟。我就是在这基础上加入中国共产党的。但那时我虽然入了党，思想认识和阶级觉悟还是有些模糊，离共产党员的标准还是有很大差距。

1947年3月，我服从区委分配，担任乡政府民兵中队长。当时有两项中心工作：一项

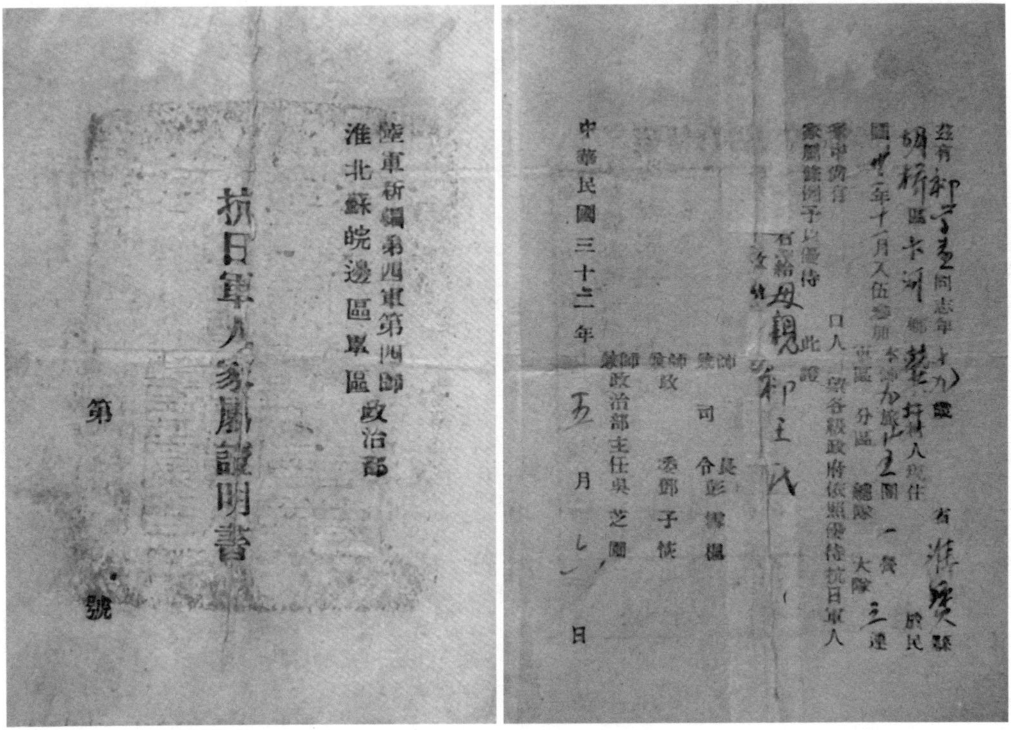

祁学喜的抗日军人家属证明书(1943)

是认真准备打仗和游击，因为敌人还经常来解放区扫荡抢粮；另一项是积极耐心发动群众向地主和富农要回土地和粮食，消除群众顾虑，之后便大张旗鼓进行土改运动。在土改运动中，我始终执行党的政策，实事求是，既没有偏袒包庇地主和富农，也没有依仗职权分肥。担任乡支部书记后，我的工作主要是处理土改运动后的纠纷，还要忙于交通运输和生产方面工作。1948年10月，我被派往刚解放不久的黄集区西屏乡担任支部书记、治安股副股长，在新的战场继续我的革命事业。此后又被淮安县人民政府委任为淮安县岔河区民政副助理、淮安县公安局治安股干事、第二副股长等职。

新中国成立后，上海百废待兴，百业待举，急需增加革命建设力量。1952年9月，因工作需要，组织上把我从江苏省淮安县公安局调至上海市公安局文化保卫处工作，担任科

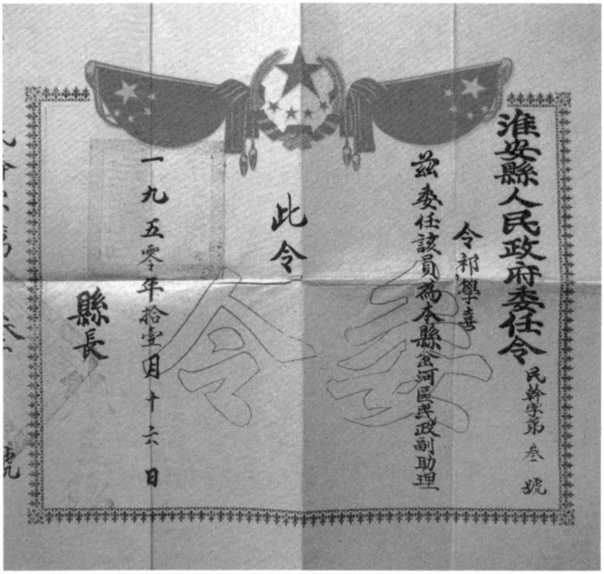

淮安縣人民政府委任令 民幹字第叁號

令祁學喜

茲委任該員為本縣岔河區民政副助理

此令

縣長

一九五零年拾壹月十六日

1950年江苏省淮安县岔河区民政副助理委任令

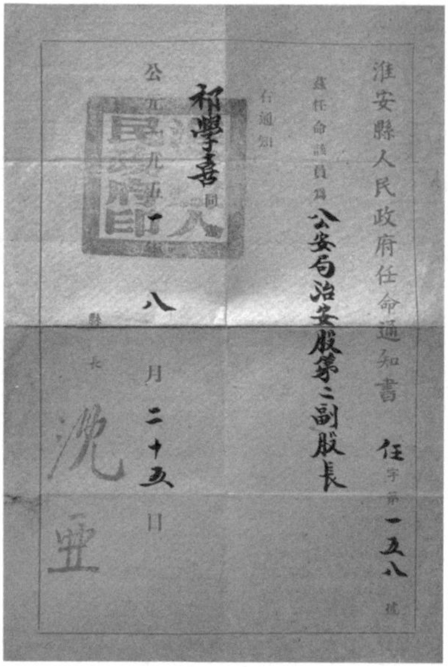

淮安縣人民政府任命通知書 任字第一五八號

茲任命該員為公安局治安股第二副股長

右通知

祁學喜同志

公元一九五一年八月二十五日

縣長 沈亞

1951年江苏省淮安县人民政府任命通知书

员。之后，我又担任过上海市卢湾区人民检察院助理检察员、上海市卢湾区修建公司人事股股长，上海市卢湾区房地局淮海房管所、吉安房管所党支部书记、所长，上海市卢湾区园林管理所党支部书记等职务。1985年底离休。

老伴老窝感情深

我今年已经93周岁了，我爱人虚岁也有90了，我们都算高龄老人了，不过身体还算健朗。感谢党和政府对我们的关心，老干部局同志和居委干部们也常常来嘘寒问暖，对我们很照顾，提供各类上门服务。不过，我们坚持力所能及的事情自己做，作息时间比较有规律。早上我出门买早饭，一般为肉包、花卷、馒头，搭配牛奶和麦片。爱人帮忙一起做午饭，常常是一小碗米饭，再加点小荤的汤菜。晚上则会来一碗汤面。

我现在居住的这栋老旧的砖木结构屋子在一楼，房间虽然很小，只有10余个平方

祁学喜和他心爱的书桌

米，但很敞亮，老俩口居住还是可以的，而且离医院很近，平时看病也方便。我们都是苦孩子出身，我爱人当初还是因为日军扫荡逃难到我家乡，我们才相识结婚的。回想当年抗日战争时期的颠沛流离，如今大家的生活都越来越好，吃的用的都不用愁，我们老俩口对此很感恩，也很知足。

家里的家具很简单，很多都跟我一样，上了年纪啦！我喜欢自己动手修家具，凳子椅子坏了，用锯子榔头修一修；墙面坏了，弄点水泥黄沙补一补。在年轻时各种工作都做过，木工、泥工的活儿我都会点。靠窗左侧的那张桌子是我的书桌，除了每天在此读书看报，书桌上的这台收音机也是我的最爱。我每天都会准点打开收音机，了解一下国内外和上海发生的时事新闻，听一听自己喜爱的音乐和戏曲，我很爱惜它。

祁学喜的各类纪念章

发挥余热做贡献

我特别喜欢走动，家门口的那块空地，我一天要扫三趟。离休后，我还坚持参加离退休党支部的组织生活和集体活动。经常一个人步行到离家一公里开外的黄浦区老干部活动中心读书读报，还参加过市委党校组织的老干部读书班。

街道组织的社区春节联欢晚会、纳凉晚会，经常会邀请我去唱革命歌曲，每次上台我就会激情高昂地为大家献唱《我是一个兵》，已经连续唱了好几年了！“我是一个兵，来自老百姓，打败了日本侵略者，消灭了蒋匪军。我是一个兵，爱国爱人民，革命战争考验了我，立场更坚定……”当我在台上一鼓作气高唱时，台下坐着的中青年们也会不由自主地跟我合着节拍齐声高唱，每次都让我很激动，仿佛又回到了当年不到18岁的我当兵时的模样。

今天，我也以《我是一个兵》这首歌作为本次采访的结尾。我想用这首歌，把坚定勇敢、无所畏惧、团结一心、对敌斗争的精神传递给新时代所有年轻人。我想，这就是抗战精神的延续和传承吧？下次再唱革命歌曲，我还要加上《团结就是力量》这首歌。“团结就是力量，这力量是铁，这力量是钢……”

(后期整理：黄凤芳)

终身学习，永葆青春

顾冰雁

采访时间：2019年3月29日

顾冰雁，女，1926年6月出生，江苏无锡人。1943年7月高中毕业，后考入戚墅堰电厂无锡办事处，从事供电统计工作。1946年8月任电厂女青年读书会干事。1947年6月加入中国共产党。无锡解放后，任苏南电业局局长秘书、人事科教育股股长。1953年4月调入上海工作，先后在电力工业部上海基本建设局、上海电业管理局、华东电业管理局、华东电力建设局任职。1970年，下放市工交“五七”干校劳动。后转至安徽皖南山区，任上海后方电力处办事组组长。1979年起，任华东电业管理局基建处管理组组长、华东电力建设局计划建设处处长、华东电业管理局基建处副处长。1985年离休。离休后，任华东电力建设企业协会秘书长、中国电力建设企业协会理事、上海市退(离)休高级专家协会理事兼机电专业委委员、电力大组副组长。1998年起，任离休干部党支部委员、支部书记、总支书记、支部副书记。

电厂里的“红色”领路人

我在1943年高中毕业以后，考进戚墅堰电厂无锡办事处，进入电力行业，主要从事供电统计方面的工作。

1945年8月，当时身处沦陷区的人民好不容易盼到了中国人民抗日战争的伟大胜利，以为从日本帝国主义的压迫下解放出来，从此可以安居乐业，过上好日子。我作为青年人，也非常开心。但是，好日子才没过几天，国民党反动派来接收了。当房子、条子（金条）、票子、车子、女子以及大量的财富呈现在飞来的“胜利者”——国民党“接收大员”面前时，“接收”变成了“劫收”。在接收大员的操纵下，经济形势丝毫没有恢复好转，投机者借机操纵图利，导致通货膨胀。随即，蒋介石又挑起内战，攻打中国共产党，枪杀进步人士，围剿解放区。这时候，社会动荡，经济崩溃，物价飞涨，民不聊生。老百姓美好的愿望化为泡沫，很多人苦闷彷徨，特别是我们青年们，内心非常迷茫，总觉得应该要做点什么，才能出一口气。

当时，我们戚墅堰电厂无锡办事处营业科核算股有个男青年叫尚祖钰。后来得知，他是无锡工委负责人周克发展的第一个中共地下党员，也是上海方面党组织派到无锡来开辟工作的。他经常向刘全平、安荔裳、华如曾和我等几个女同事推荐如《红色中国》《革命人生观》《大众哲学》《西行漫记》等进步书籍和刊物，引导帮助我们青年人读书学习，树立正确的人生观、价值观和世界观。在他的引导下，我在管理工会图书馆其间，常常会到书店选购《民主》《民萃》《群众》《世界知识》《时代》等许多进步刊物。

我前前后后阅读过好多书，从中吸收了不少马克思列宁主义和共产主义的先进思想，也愈发清楚自己今后的革命道路和前进方向。也正是在尚祖钰和进步书籍的引导下，让我有了参加革命、参与进步活动和为共产主义事业奋斗终生的想法。

筹备读书会 传承红色基因

为团结广大进步女青年，传播进步思潮，进一步让女青年认清当前形势，提高政治思想觉悟，从而发现和培养积极分子，在条件成熟时发展入党，开展活动。中共地下党组织传了中国共产党被迫自卫的充分理由，使大家对发动内战的是非曲直有所了解。

我们还组织学习社会发展史，引导大家初步了解社会历史的发展规律，了解世界和中国的发展前途，树立革命人生观；学习《妇女问题讲话》，让女青年能够正确对待有关恋爱、婚姻和家庭的问题，了解妇女解放和社会解放的关系，启发女青年勤于思考，明确方向，寻求解放的道路。除了学习讨论和读书活动外，同时为了联络感情，增加友谊，我们还举办过文化娱乐活动。由一些曾经参加过市里活动的同志、实际上都是由中共地下党员组成的歌咏队，演唱一些进步的歌曲，比如《你这个坏东西》《古怪歌》等，用歌声对人民群众进行宣传，揭露国民党当局的反动腐败。

读书会对一些女青年起到了启蒙教育作用，对她们今后人生道路的走向产生了深远的

无锡解放前后顾冰雁的照片

顾冰雁的启蒙读物

决定筹备并成立女青年读书会。

1946年8月，以安荔裳、刘全平、华如曾为主，筹备成立了女青年读书会。我也参加了筹建工作，并担任读书会干事。读书会成员初期是以戚墅堰电厂无锡办事处的女职员为主，后来她们又介绍了自己的不少亲友或同学来参加。所以，女青年读书会里有女职员、女教师、女学生，还有个别家庭妇女。开始时仅10多人，以后逐步发展，最多时达到30多人，一般年龄都在20岁上下。读书会两个星期举行一次活动，读书会干事轮流做中心主题发言，启发大家，然后进行学习讨论活动。

第一次女青年读书会的主题，是针对当时的形势，讨论内战爆发的责任到底是谁，展开了不同意见的辩论，揭露了国民党反动派在抗战胜利之后蓄意挑起内战的种种阴谋活动，宣影响。有些女同志虽然当时还没有入党，但在参加女青年读书会后，主动要求加入中共地下党组织，参加中共地下工作。例如：原是家庭妇女的藉静宜，在读书会的影响下，积极要求进步。解放后参加工作，她就主动申请入党了，在以后的书信往来中，一直提及当时的读书会对她个人帮助很大，让她终生难忘。例如：一些女大学生参加读书会的活动后，主动在就读的学校内组织读书会，将女青年读书会学习内容、活动形式进行分享，逐步扩大影响，让更多的人了解形势，进行独立思考。

终生难忘的政治生日

我在女青年读书会担任干事其间，通过读书、学习讨论、唱歌等活动，自己的思想认识有了更大的变化，更加明确了想要成为一名中国共产党员的决心，于是我向党组织提交了入党申请书，坚决要求加入中国共产党。

党组织非常重视我们新青年，不久派了一位姓李的同志(真名叫王绢，当时用的是化名)作为我的入党联系人，经常和我交流思想，对我进行再教育，具体指导我如何开展中共地下斗争组织的工作。

经过一段时间对我的考察和考验，1947年6月28日，王绢秘密到我家，对我说："顾冰雁，你的入党申请被无锡工委批准了。这个日子对你很重要，你要记住这一天！"那一天，我被批准加入中国共产党，是我终生难忘的政治生日。那时我开心得不得了，默默地下了决心，自己已经是一名光荣的中共党员了，今后一定要坚定革命理想信念，永远坚定跟党走。

1947年一个冬天的夜晚，中共无锡地下党组织通知我到小娄巷安荔裳住处，在三层小阁楼上，我们秘密举行了入党宣誓仪式。集体宣誓加入中国共产党，

顾冰雁自传《不忘初心 永葆青春》

当时参加宣誓的，除了安荔裳和我之外，还有刘全平。带领我们三人宣誓的是上级派来与我们单线联系的陶戈辉(当时化名陶掌珠)。安荔裳拿出一条红围巾，陶戈辉带来了用黄纸剪成的镰刀和斧子图案，再用针别在红围巾上。这面由我们自己制作的中国共产党党旗，被挂在了小阁楼的门背面，我们对着这面自制的党旗，举起了右拳，轻声而庄严地跟着陶戈辉宣誓："我志愿加入中国共产党……"宣誓完毕，我报出了自己的名字，心情非常激动，树立了随时为党的事业和人民的利益奉献自己一切的坚定信念。

发展党员，壮大革命力量

我在入党以后，根据党组织要求，一方面主动接近一些技术人员和大学生，了解他们的思想动态和政治态度，以便发展新党员。其中，高昌瑞是我重点工作对象，我发现他在思想上要求进步，在谈论中也流露出对国民党当局的不满情绪，所以我就重点做他工作，常与他联系。因他属于中层技术干部，遂向上级党组织汇报后，于解放前夕由其他同志培养教育，发展入党；另一方面，我继续负责女青年读书会的宣传教育工作，帮助女青年提高思想认识，鼓励更多的进步妇女加入中国共产党。

由于当时国民党反动派政治活动加紧，女青年读书会开主题讨论会和文化娱乐活动被引起注意，因而工作进展有些困难。对此，中共无锡地下党组织指出，面对现在的形势，女青年读书会的活动不能再继续开展了，必须立即停止活动。停止活动以后，组织上将女青年读书会的积极分子分成四个小组，由我们读书会的四名中共女党员分别单线联系一个组，个别联系，个别活动，个别进行教育。到了1947年冬，先后发展了5名党员。

迎接无锡解放

1948年4月，形势变得更加危险，组织通知我们停止全部活动。1948年秋冬，中共地下党又恢复了我的活动，并传达党准备迎接无锡解放的指示。根据党组织要求，我重点对电厂各类工程技术人员特别是中层干部的思想动态进行了解，及时汇报，同时对电厂的技术人员个别进行护厂教育，宣传三大战役的胜利，人民解放军就要渡江南下，国民党反动派

2004年5月，顾冰雁(左四)参加上海解放55周年上海市(西片)老干部文艺演唱会

的失败局面不可能逆转。为了防止他们对生产的破坏，号召并动员大家作为电厂的一员，要坚守住岗位，保护好电厂设备，确保正常供电，让人民生活和企业生产一切维持正常。

1949年初，我按照中共地下党组织的指示，整理收集了关于戚墅堰电厂的运行情况、线路图、组织机构和负责人等名单，报到无锡市地下党领导再转送至苏北中国人民解放军手中，为配合解放无锡和人民解放军顺利接管电厂积极做好相关准备。

1949年4月23日无锡解放。4月26日下午，曾任苏北军区军工部车间主任、支部书记的常荣林身携“中国人民解放军无锡市军管会命令书”，作为第一个军代表接管了戚墅堰电厂。1952年9月我与常荣林结婚后，谈及他关于接管戚墅堰电厂前后的经过时，他提到看过的一份关于戚墅堰电厂的情报，对接管工作很有帮助。我详细问了情报的内容，发现就是我曾提供的情报，熬夜收集的资料能够帮助接管，我非常开心。

无锡解放后，戚墅堰电厂办事处改组为苏南电业局，我先后负责秘书处统计，担任局

2009年顾冰雁(左四)与卢湾中学5名学生座谈交流合影

长秘书、人事科教育股股长等职。1953年苏南电业局撤销，并入南京电业局，4月1日我调任华东电业管理局基建处负责计划统计综合管理，转入上海工作。电力体制几经变革，机构随之多次变动，我也随之频繁调动，先后四进三出华东电业管理局。

转战上海，一世电力人

1955年1月，我任电力工业部上海基本建设局计划科副科长。1958年8月至1964年5月，先后连续在上海电业管理局基建处、华东电业管理局基建处担任计划、统计、综合组负责人。1964年5月任华东电力建设局办公室主任。1970年7月至1972年5月下放上海市工交“五七”干校劳动。1972年5月至1979年1月下放安徽皖南山区上海后方电力处任办事组组长。1979年1月至1980年4月任华东电业管理局基建处管理组组长。1980年4月至1983年4月任华东电力

顾冰雁的书架

建设局计划建设处处长。1983年5月任华东电业管理局基建处副处长。1985年底离休。

离休后，我没有停止工作，继续发挥我的“电力”余热。我发起组织成立了华东电力建设企业协会，任秘书长，后任中国电力建设企业协会理事、上海市退(离)休高级专家协会理事兼机电专业委委员、电力大组副组长。

作为青年读书会曾经的干事，读书学习促使我在思想方面得到升华，坚定理想信念。离休后，我仍坚持读书学习，率先在单位发起成立了离休干部政治学习小组，积极参加所在丽二社区离退休干部读书小组，定期进行集体学习，做到思想常新，理想永存。

作为一名70多年党龄的老党员，我深感从前生活的艰苦，如今现在日子变好了，可社区里、单位里还有许多生活困难的同志，需要关心和帮助。所以，我想自己应该多拿

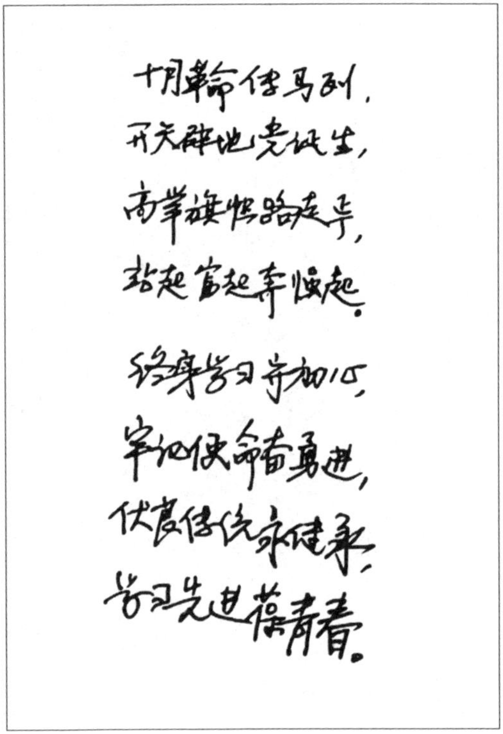
十月革命传马列，
开天辟地党诞生，
高举旗帜路走正，
站起富起奔强起。
终身学习守初心，
牢记使命奋勇进，
优良传统永继承，
学习先进葆青春。

出一些钱，通过特殊党费的形式，主动帮助他们渡过难关。当然，这是一件很普通的小事。想想自己这几十年的风风雨雨，每每遇到挫折和困惑，我都会不由自主地想起对党的宣誓，自觉用党员的标准要求自己，鞭策自己。

随文附上自勉小诗一首：

十月革命传马列，
开天辟地党诞生，
高举旗帜路走正，
站起富起奔强起。
终身学习守初心，
牢记使命奋勇进，
优良传统泳继承，
学习先进葆青春。

（后期整理：杨慧如）

保家卫国，一心为民

龚 鹰

采访时间：2019年4月18日

龚鹰，1935年9月出生，江苏江都人。1949年5月参军，任中国人民解放军第二九军八五师政治部警通班战士、通信员。参加了解放上海外围战役、福州战役、漳厦战役，1949年9月荣立四等功。新中国成立后，任中国人民解放军第二九军八五师警卫员，第二八军军部警卫连排长，第二八军一三一炮团警卫排排长，第二八军通讯连副连长、警卫连连长。其间，在北京炮校、南京炮校学习。1953年底回到福建前线部队，任中国人民解放军第二八军守备三师十一团四营副营长、营长。参加了“八二三”金门炮战，1958年10月荣立三等功。1962年11月加入中国共产党。1976年，从部队转业到上海，在南市区露香街道工作，后任南市区露香园路街道办事处副主任、党委委员，南市区豫园街道办事处主任。1995年离休。

穿上军装 保家卫国

我参加革命，是从流浪儿开始的。那时由于家境贫困，加上家中人口多，生活艰难，父母将我送与亲戚抚养。有一年春节，因为不听话，我被亲戚送回了老家。几经周折，我在13岁时去了一家裁缝店当学徒，起早贪黑，每天缝线撬边，眼睛经常红肿，平常还老打瞌睡。由于经常会被老板打骂，人实在受不了。

有一次，在泡开水的时候，我趁机提着铜壶，从浦口镇爬上火车走了。到明光下车后，从此开始了流浪生涯。白天我拿着铜壶在轮船码头、火车站候车室卖开水、运行李、捡煤渣为生，晚上便钻进空无一人的候车室里睡觉。有一天晚上，我正在睡觉，突然被警察用皮带猛抽击打醒来，铜水壶也被当场踩扁。

以后，我又扒火车，靠捡煤渣维持生活。其间，我目睹了昔日同伴被火车压死、家属哭着收尸的惨状，遂又爬上火车，一路向南讨生活。到了苏州站遇到查票，于是我又下车，来到苏州三湾仓茶水铺，结果被卖生煎包的老板收留打工。由于我平常干活很勤快，人又比较机敏，因此深得老板赏识。老板娘见我可怜，便用染色面粉袋给我改制了两件衣裳。衣、食、住都得到了解决，我每天送送点心、招呼客人，在战火频仍的日子倒也过得算是相对安稳。

幼年时，我有姐弟五人。那时候经常跟着新四军咿咿呀呀地学唱歌曲，这也是我幼年时为数不多的娱乐项目。只要新四军来到我们家乡，我跟小伙伴们就特别开心，因为又有人可以教我们唱歌了。以后，我再也没有见到新四军，但对于新四军总是念念不忘，心中期待着有朝一日能够再遇到他们。

有一天，我听到有两个国民党军伤兵在大街上高声骂街：“土八路那么厉害！”我还听说新四军的部队就要打过来了……所有这些，唤起了儿时的记忆。此后，我参军入伍的念头一天比一天强烈。

1949年4月27日，苏州解放，我看到一些“新四军”战士在教唱革命歌曲，许多官兵还围坐在地上。我终于又盼来了“新四军”，而此时“新四军”已更名为“中国人民解放军”。于是，每次看到解放军，我都会上前去询问是否可以报名加入，当时我手里头还拿着点心，部队首长一开始嫌我年龄还小，仅有15岁，因此不肯收。我一再央求，并坚决保证自己能够吃苦耐劳。磨叽了老半天，还是屡屡碰壁。最后，正巧遇上了担任部队首长警卫员的一个苏北江都同乡，我便向他哭诉了自己的经历和参军想法，再三央求他帮忙求情。这个同乡将我引荐给了部队首长，首长当场就表示："这样的苦孩子我们不收，还收谁？收下！"……就这样，我在15岁那年参加了部队，从此开始了自己的军旅生涯。

生死考验 孤胆雄心

1949年5月初，我所在的中国人民解放军第二九军八五师部队驻扎在苏州观前街。当时我刚入伍才几天，即被分配在师政治部警通班当战士。由于勤奋努力，我在部队上不仅很快就学会了打背包、擦枪、卸枪、装枪等这些基本军事技巧，而且还能熟悉掌握。同时我开始明白，枪是战士的第二生命，因此要时刻紧握手中枪，爱惜武器，每天经常擦拭。班长很喜欢我这个机灵的小鬼，他见到我熟练地将一支日本三八式骑步枪卸下、擦拭、装配完毕后，还直夸奖我说："一听就懂，一看就会，一教就会，真是聪明能干。"

1949年4月，我所在部队在江苏江阴以东登陆后，抢占了江阴，并且解放无锡、苏州，切断沪宁杭铁路，阻击国民党军东逃。1949年5月，根据战役需要，我又随第二九军八五师一个团去解放上海外围，并担任通信员。作为通信员，既要有孤胆雄心，也要机智勇敢，不管情况多么恶劣，都必须及时并完成送信任务。当时，我暗下决心一定要好好干！

有一次，班长让我跟随他一起去月浦(现上海宝山区境内)送信，我心想平常都是单独一人完成送信任务，而这次是由两个人来共同完成，所以这封信一定很重要，并且在送信过程中还可能会遇到危险。于是，我和班长保持着20米左右的前后间距。果不其然，我们在送信途中，遭遇了国民党军的袭击，子弹从每个黑暗的角落向我们射过来，班长见状便朝着我大声喊道："卧倒！卧倒！快卧倒！"……我开始听不明白他说的这是什么意思，仍旧快速前进。后来，又听到班长在对我大声嘶吼："趴下！趴下！快趴下！"这时，我才恍然大悟，停止了前进……不知过了有多久，枪声突然间停歇了下来，我和班长这才小心移步，最后脱险并胜利完成送信任务。经历了这场生死考验，

龚鹰15岁参军后拍摄的第一张照片(1949)

我心中保家卫国的使命感更加强烈，并且做好了随时随地为革命事业牺牲的准备。

一路向南 不畏险阻

1949年7月4日，我所在部队在参加解放上海战役攻克守敌外围据点结束后，奉命返回了苏州，补充弹药，稍作休整，然后从苏州向南出发，先走到嘉兴，又坐上闷罐列车向南进，在抵达江西上饶后下车，随即一路向福建进军，行军到宏路村(福州到厦门的一个交叉点，在那里可以打到福清、福州和厦门)停下，再一路爬山涉水，继续向南挺进。我当时人很小，但整体着装像个老兵，对军队情况也非常熟悉，一路走，一路唱，显得很活跃，因此得了一个“小老兵”的外号。

龚鹰担任第二九军八五师师长朱云谦警卫员时留影(1951)

1949年8月，我所在的部队参加了福州战役，连克永泰、福清、长乐，切断国民党军向南逃路。1949年9月至10月，我所在部队先后参加了漳厦等战役，攻占马巷、集美、澳头，配合兄弟部队解放了厦门。

在漳厦战役中，我借调到第二九军八五师政治部敌工科工作，每天靠自己两条腿走路，不断往返送信，限时限刻完成了上级交代的送信任务，受到了上级表彰。当时，部队正准备进入集美中学(系陈嘉庚先生于1918年创办)驻扎时，周恩来总理专门发来急电：

"陈嘉庚先生正在北京参加全国政协会议，他是著名的华侨领袖，对我党我军支持帮助很大。集美中学由陈嘉庚创办，望所有部队不得进驻，也不得损坏一切教学用具。"接到电报后，第二九军八五师师长兼政委朱云谦、师政治部主任亲自张贴布告(现保存于集美陈列室)，进行广泛宣传。

当时，部队为了完好无损地保护好集美中学，不仅没有动用重型武器，而且牺牲了不少战士。部队上虽然颇有怨言，但仍然不折不扣地坚决执行了上级的命令。

有一次，我在送信的路上，听到有一个国民党军士兵对着我在叫喊："老总！老总！"我立即端枪上前，一下子就俘虏了他，结果后来发现他的大腿上有枪伤，便让他去师敌工科俘虏大队报到并接受治疗。

以后，我所在的第二九军八五师分别驻守在福建晋江、石狮、尾头地区，师部在莆田。

新中国成立后，溃败退守台湾的国民党当局在美国支持下，以金门、马祖等岛屿为前哨据点，对大陆东南沿海地区进行袭扰和破坏，妄图进而"反攻大陆"。位于福建厦门以东的金门岛(含大金门、小金门、大担、二担等岛)，经过国民党军多年设防，已构成坚固筑垒地域，其中还有炮兵。

我人民解放军在大陆形势一片大好节节胜利的情况下，准备进行解放台湾的战役。按照中央的部署，武力解决台湾问题的三步走战略为：第一，掌握海峡制空制海权；第二，扫除周边岛屿的国民党势力，建立渡海基地；第三，预计于1950至1951年间发起全面的渡海战役。虽然1949年人民解放军发起金门战役失利，渡海部队三个团近九千人全军覆没，但人民解放军一直在为解放台湾进行渡海作战进行各项准备工作，从未停止。

1950年朝鲜战争爆发，美国第七舰队进入台湾海峡，我人民解放军渡海攻台难度倍增。朝鲜战争刚刚结束，大陆立即着手在东南沿海修建战备公路、机场。

1951年，我担任第二九军八五师师长朱云谦的警卫员。1952年，朱师长调任第二八军军部参谋长。身为警卫员的我，也就随着从第二九军调到了第二八军，担任第二八军军部警卫连排长，以后又升任军部警卫连连长，并先后在北京炮校、南京炮校学习。

奔赴前线 炮击金门

1953年7月27日，中、朝、美签订《朝鲜半岛军事停战协定》。同年9月，我跟随军区首长去朝鲜学习观摩之后，回到福建前线部队，我又亲历了著名的“八二三”金门炮战。

奖状

龚鹰同志在完成[illegible]任务中[illegible]取得顯著成績，决定給予三等功獎励。望戒驕戒躁，在保卫祖国和我軍現代化革命軍隊的建設中再接再励，爭取更大光荣。

此狀給

龚鹰同志

中國人民解放軍

[illegible]

一九五八年十月十五日

龚鹰在福建部队服役时荣获三等功(1958)

1958年7月，台湾国民党当局在美国的支持下，叫嚷“加速进行反攻大陆的准备”，并于7月17日下令其陆、海、空军处于特别戒备状态。国民党军连日组织军事演习，出动战机对大陆沿海地区不断进行侦察挑衅。金门岛和马祖岛是国民党当局控制的离大陆最近的地区，岛上的国民党军炮兵还轰击福建沿海一带的村镇，在一个星期总有三、四次打炮轰击，既有实弹，也有宣传弹(也会伤人)，我一线部队和当地老百姓均有不少伤亡。国民党空军战机也时常来到我们头顶上空，不是轰炸就是扫射，骚扰捣乱一阵就飞走了，逢年过节更加激烈。一线的汽车多数是在夜间闭灯行驶，白天行人和汽车行驶都要注意隐蔽，从凹地走。有时汽车开过暴露地形，对岸敌炮会追着打。说不定是什么时间或目标，一年到头不是防空就是防炮，因此我们平时在调动部队部署或构筑阵地掩体时，特别注意防炮，白天不开车，晚上闭灯开车。而老百姓开开心心过年过节，对岸来一次炮击打中房顶，全家就可能会伤亡好几人。有的老百姓有两个家，在对岸敌炮打不到的地方盖了一批房子，到二线去居住，到一线去生产。逢年过节，我们都要进入阵地加强战备，但奉命还击的机会很少。

据此，中央做出了加强东南沿海军事斗争的决策，指示空军和地面炮兵立即行动，空军转场入闽越快越好，地面炮兵和海岸炮兵封锁金门及海上航道。在1958年8月23日前一段日子，天天夜里有炮兵调动，但白天公路上一门炮也看不见，到了晚上，牵引车拖的炮

龚鹰与第二八军警卫连战友合影(1955)

看不到头尾，全是炮车。

1958年8月23日上午，部队要求每个炮位指挥员对表，以前线指挥员表为准，到下午6时半统一下达命令，万炮齐击金门岛。重点集中轰击对方指挥所、观测所、仓库、交通中心、要点工事及炮兵阵地。一下子金门岛看不见了，只看到海滩，岛上全是烟。对岸敌炮一开始有所还击，而且也很凶猛，但很快就被我们压制下去。可到后来就不响了。一会儿听到电台发出不寻常的呼叫，平时都是嘀嘀嗒嗒的声音，那天是直接通话，说什么：“向总部报告，今天金门岛下了一场暴雨，下一场非常大的暴雨，客人伤了两名，我们现在缺乏火柴。”……此次炮击持续了2个多小时。此时对岸敌炮还有不断还击，而且火炮口径大、射程远，射击技术也还可以，所以我们部队也有少量伤亡。

开始几天，我方炮火比较猛烈一点，后来就指定单位、规定基数。不过，天天都有炮击，持续两周对国民党军在金门岛的滩头阵地、码头、机场及炮兵阵地集中火力攻击，主要是使敌人躲进坑道不敢出来，让我方军民行动自由。再而后，我方炮火稍有减少，零零星星地射击，直至9月7日再恢复攻势。此后，我方炮击主要目标开始指向水头码头，意欲阻止台湾当局的海空运补工作，以达到封锁金门岛的目的。

此后，又对金门岛进行了中小规模炮击和零炮射击。在金门岛被全面封锁和国民党守军处于严重困境的情况下，美国政府则害怕越陷越深，于9月下旬开始将其在台湾海峡的兵力撤掉。为反对美国这一阴谋，扩大美、台矛盾，中央军委和毛主席又于10月5日决定实行“打而不登，封而不死”的方针。10月6日，我国防部长彭德怀授权发表《告台湾同胞书》，宣布“以没有美国人护航为条件”暂停炮击一周，以观动静。第二天，对岸国民党守军还不大相信，先用一、两条船装运补给弹药和粮食进行试探，看到我们确实不打了，后来就大胆运输。到10月13日，我们国防部又发布再停止炮击两周命令。由于10月19日，美国军舰又侵入金门海域，为国民党军运输舰护航。中央军委遂决定提前于10月20日恢复炮击。10月21日，美国国务卿杜勒斯访台并继续玩弄“两个中国”的阴谋，与蒋介石签署联合公报。针对这一行动，福建前线部队遵照中央军委指示，从12月25日起改为双日不打单日打。对岸国民党守军知道，共产党是说话算数的，一到双日，他们就出来活动，晒被子等用肉眼都能看到。一到单日，他们就乖乖地方躲进坑道，阵地上几乎看不到动静。

炮兵阵地有要求，一要远离村庄，以防止敌人还击时会给老百姓带来不安全；二要避开树林，因射击时打瞬发引信出口，炮弹若碰到树枝也会空中爆炸，容易造成误伤。这样，我们的炮阵地都在光秃秃的小山坡上、地瓜田里，因仓促进入阵地，当时来不及修炮工事。为减少部队伤亡，我接受了上级领导下达的一个任务，为我炮群阵地供应修掩体的石头。上级领导给了我七辆卡车，每辆车配五名战士。当时，我们不管是工程用石，还是建房用石，见到石头就装车，多拉快跑。我们不分昼夜，争分夺秒抢时间，几乎没有在床铺上睡过觉，不管在哪里，车上车下、地瓜田里，倒下就睡。平常装车时，驾驶员睡觉；平常开车时，装车的人睡觉。伙房24小时都有饭吃，随时随地饿了就吃。有一名战士因疲劳过度，馒头吃了一

任中国人民解放军第二九军警卫连连长(1964)

南京炮兵学校毕业留念(1962)

龚鹰和妻子高荣荣合影

口从手里掉在地上都不知道。最后，干了一个星期，我们终于完成了任务。

至此，福建前线部队共进行7次大规模炮击、数十次中小规模炮击、近千次零炮射击，给予国民党军有力惩罚。这样，全军各部队的炮兵都拉到过福建沿海进行实弹射击训练，实行双日不打单日打，一直持续到1978年12月31日。

脱下军装 一心为民

1961年8月，我与妻子高荣荣在南京炮校举行了婚礼。次年11月，我正式加入中国共产党。党员身份对于我来说，是多年红色梦想的实现，但同时肩上所担负的责任也更加重大。

1976年，我从部队转业被分配到原露香园路街道工作。当时街道辖区集体加工厂内约有3000人，每月只有最低标准工资的收入。我把这些人组织起来，帮助他们联系工厂、寻找渠道、谋求职位，解决了辖区几千人谋生的问题。此外，我还负责“人防”、整顿市容等工作。1995年9月，我从原南市区人民政府豫园街道办事处正式离休。

在采访的最后，龚老夫妇俩对我们说：“我们这一代人，是时代变迁的见证者，更是美好生活的亲历者，心存感恩，珍惜当下。愿后辈们与党同心同德，努力实现复兴中华民族的伟大目标，让祖国屹立在东方。”

（后期整理：安然）

我是一个兵

尹克勤

采访时间：2019年4月19日

尹克勤，1927年11月出生，安徽嘉山人。1939年10月参军，任新四军第二师师部勤务兵、华东军区司令部通讯员、华东野战军第十兵团直属工兵团海防四连副排长。参加了广和集、滕岑、济南、淮海、渡江等战役，1948年9月在济南战役中光荣负伤。1949年2月加入中国共产党。1951年1月起，任华东军区第十兵团直属工兵团海防四连副连长、海防五连连长。其间，在长沙中国人民解放军高级工兵学校学习。1955年1月，华东军区直属工兵团作训股股长。同年，中国人民解放军首次授衔陆军中尉。1956年洛阳初级工兵学校军事教员。1957年1月苏州速成中学学习。1958年4月，从部队转业到上海，任中共南汇县委反右派斗争办公室、工业部办公室负责人，后在南汇县周浦化肥厂、南汇县电影管理站、上海新华书店总店、上海科学技术出版社任职，1982年离休。

从孤儿走上革命道路

我生在安徽嘉山自来桥镇，参加革命前是一个孤儿，6岁时丧父，8岁时丧母。从小学手卷烟、烧火，靠干杂活自谋生计。10岁时，国民党、日军、伪军、汉奸特务在苏鲁皖地区设立三道封锁线，中共地下党组织在运输布匹、香烟等物资在镇上的交通站被拦截检查，我从此结识李站长，被推荐担任了新四军二师(师长罗炳辉)师部勤务兵。勤务兵的主要工作是为首长打饭、打水、端茶、倒水、叠被子、洗衣服并负责照顾首长的日常漱洗等。由于战争年代环境复杂，为防止潜伏敌特伺机下毒残害，因此凡在首长身边工作的勤务兵，均要求个人出身好、家庭成分好、社会关系简单，所以我符合条件，便担任了师部勤务兵。那时是1939年10月，由于新四军在初创时期，根据地各种军需物资供应极其有限，供给困难，缺衣少布，条件十分艰苦，所以当时我平常只能着便装。直到1940年1月1日，部队上从别处调剂并改了一套小号棉布军装，让我穿上了。而在这一天，部队又让所有官兵填写登记表，我便填上了“1940年1月1日参加革命”，实际晚了3个月。

不久，新四军二师成立直属教导队，培养军政干部，我被安排进入学习了2年。

那时，部队武器装备比较简陋落后，各种年代、各个国家生产的枪支都有，有老套筒步枪、中正式步枪、汉阳造步枪、日本三八式步枪、加拿大造长脖子机枪、加拿大冲锋枪……非常杂乱，而且缺少弹药，更鲜有火炮等重武器，每个战士仅配发3至5发子弹，一般大都使用大刀和自制手榴弹。我军武器装备虽然简陋，但是对敌作战却英勇顽强。

济南战役 光荣负伤

抗战胜利后不久，内战爆发。我随新四军二师直属教导队北上，渡过黄河，在惠民、临清一带歼灭了国民党军一个半旅。随后又从黄河北岸南下，再过黄河，从东昌河一路打到济南。

1948年9月16日至24日，在华东野战军陈毅、刘伯承、邓小平的领导下，在华野第十兵团司令员许世友、政委谭震林、副司令员王建安的指挥下，进行了攻克济南的战役，集

福建留影(1949)

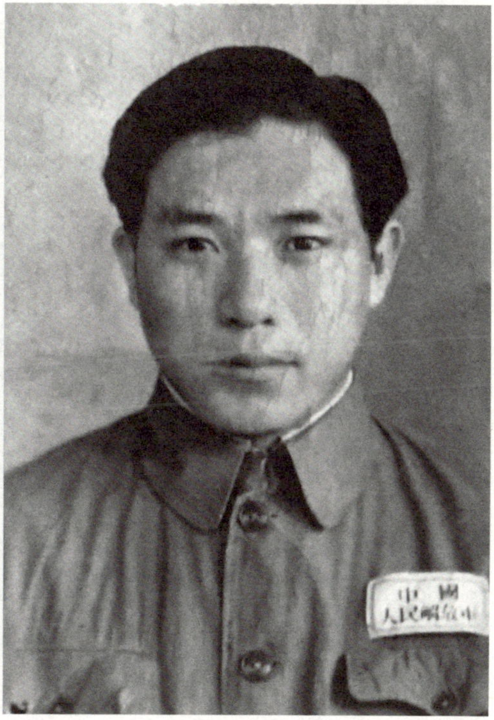

尹克勤军装照

中统一指挥14万兵力的攻城集团，经过8个昼夜的激烈攻坚作战，全歼守敌10.4万余人。山东境内最大的内陆城市，也是南京与天津间最大城市的山东省省会济南宣告解放。攻克济南表明，人民解放军开始转向对坚固设防的中心城市进行决战性攻坚战，从此揭开了对国民党战略决战的序幕。

济南战役打得异常艰苦，我在配合炮兵部队挖工事时，遭遇国民党军炮击，一块大石头落下，被压在土里，右腿负伤，随即送往三野野战医院养伤，因此未能参加淮海战役第一阶段战斗。在野战医院治疗一段时间后，未等伤愈，我便从医院跑出来，继续随部队一路南进。

尹克勤荣获的渡江胜利纪念章(上)和淮海战役纪念章(下)

尹克勤荣获的全国人民慰问人民解放军代表团赠奖章(1954)

不负使命　七次渡江

1949年2月，我被批准加入中国共产党，同时分配在华东野战军第十兵团(原苏北兵团)司令部作战处工作。伤愈以后，我虽然未赶上解放徐州战役，但参加了淮海战役和渡江战役。

1949年，人民解放军在淮海战役取得胜利后，神速解放了长江以北广大地区，积极准备横渡长江，南下解放全中国。国民党军面临灭亡，拼命在长江南岸加强修筑防御工事，妄图依靠长江天险最后挣扎。在大军渡江之前，为了更好地了解长江对岸国民党守军的江防情况，我接受命令，曾先后七次渡江前去侦察敌情，并与在江南的地方游击队取得联系，及时将国民党守军兵力布防情况上报给部队首长。这是由于战场形势瞬息万变，往往江南游击队方面发来电报后，需要再次过江去核实侦察，随时随地将敌情变化上报给部队首长，以至我先后有过7次渡江侦察的经历。

我在跟随华东野战军十兵团渡江时，只见江面上千帆齐发，大炮不断轰鸣，红色曳光信号弹四起，照耀着人民解放军排山倒海似的渡过长江，摧枯拉朽，势如破竹，沿江国民党守军所有防御工事均被摧毁，我为此直心潮澎湃。

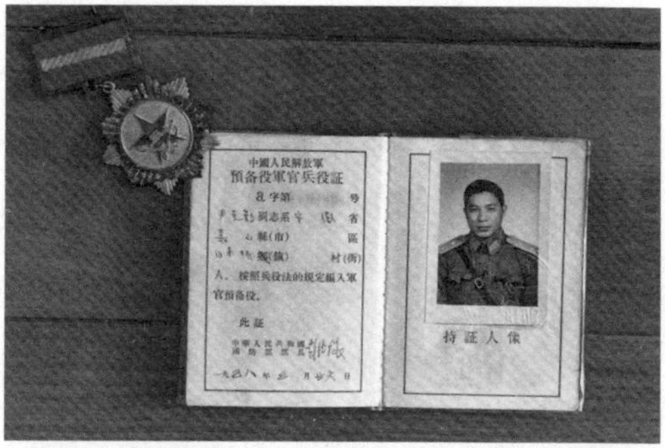

尹克勤的中国人民解放军预备役军官兵役证

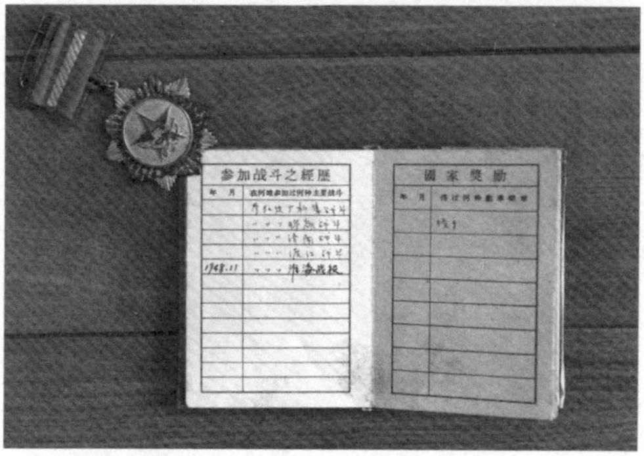

尹克勤参加战斗的经历

尹克勤荣获的中华人民共和国独立自由奖章(上左)、中华人民共和国解放奖章(上右)及奖章证书

迎接新的战斗

不久，我所在部队驻扎在苏州高等法院休整，然后继续南进，迎接新的战斗。当时，我配合部队在苏州中兴寺协助管理国民党军官兵俘虏。1949年，华野十兵团司令部从苏州南下迁至福建，部队也在解放江西上饶等地后向南挺进，开展了漳厦等战役。华野十兵团在福建新成立直属工兵团后不久，我从直属工兵团干部管理股调任直属工兵团海防四连副连长，主要负责构筑炮兵海防工事的质量、技术等工作。

1951年1月至1953年12月，我在长沙高级工兵学校学习，历时三年。工兵学校开设的科目主要有：架桥、筑城、爆破。架桥课主要内容为架浮桥、柱桥、门桥；筑城课内容为挖隐蔽部、交通壕、步兵和炮兵掩体；爆破课按各种工事分为炸桥、炸碉堡等。另外，还设置了埋雷和排雷等作业。毕业后，返回工兵团，在安徽阜阳负责带新兵。不久，又调任工兵团海防五连连长，一年后旋任工兵团司令部作训股(由原来作战股和训练股合并)股长。再以后，我被调任洛阳初级工兵学校当军事教员。

由于当时学员未能集中，加上在筹建军校过程中存在“建”与“不建”(受到抗美援朝战争损失与国防建设经费削减等影响)两种意见，因此我在那里住上了大半年。随后，我奉命调入兵种干部部工作，不久又被派往苏州速成中学学习。那年正值1957年后期，上半年在参加学习，下半年开始反右派斗争运动，当时学校里有3千多名来自各地的部队学员，其中5%被安排转业地方，另2/3被安排到黑龙江密山开荒种地生产劳动。而且，当时上级还有政策规定，凡累计5年军龄不到且有家室者一律安排转业；凡伤残军人一律安排转业；凡参加过解放战争者一律安排复员还乡。于是，1958年4月，我转业到上海，先后担任中共南汇县委反右派斗争办公室负责人、中共南汇县委工业部办公室负责人、南汇县周浦化肥厂厂长等职，不久又调回中共南汇县委工业办公室负责人，负责县办工业和社办工业。以后又转任南汇县电影管理站站长。再以后，改任上海新华书店总店总务科科长。之后，又调至上海科学技术出版社工作，负责印刷质量、样书审核等工作，直到离休(享受局级待遇)。

(后期整理：安然)

我和电影《大浪淘沙》

于炳坤

采访时间：2019年4月12日

于炳坤，1933年11月出生，江苏金坛人。1949年7月参军，任苏南军区常州军分区教导大队文化队学员、苏南军区教导团第四大队十一中队学员、苏南军区独立营二连文化教员、转业干部三分校俱乐部主任。1952年1月，从部队转业到上海，在市房管局从事工会、宣传工作。1954年12月加入中国共产党。1958年在《上海文学》《萌芽》上发表散文，从此走上文学艺术创作道路。先后写过电影剧本《大浪淘沙》《英雄与罪人》《野外的红犀牛》以及长篇小说《飞雪迎春》。1968年上海戏剧学院戏剧文学系毕业。1972年下放南京梅山工程指挥部，创作了《力争上游》《严师傅和第三次战斗》等报告文学，被《中国文学》翻译成英、法文刊载。1979年初，调任《上海文学》编辑部任小说组副组长，加入中国作家协会。后担任上海文学艺术院副编审、上海市作家协会第五、六届理事等职。1998年离休。

我今年86岁了，回顾往事，觉得还是我执笔创作电影《大浪淘沙》最值得回忆。当年放映这电影，曾红极一时，广受好评。其实创作过程中有许多曲折的故事，还是记录下来与大家分享。

参军入文化队

我得从读书时说起。

1949年这一年是我人生中最重要的一年。那年我16岁，在江苏省立洛社乡村师范学校读书，是名穷学生。5月的一天，有位老师来学校做报告，给我们介绍解放区情况，宣传革命道理，报告很精彩，我们听得非常投入，很受教育启发，也萌发了参加解放军的念头。说干就干，不久，我和几个同学私下约定一同参军，早上结伴沿着铁轨一路从江苏无锡走到了常州，在常州军分区报名参加了中国人民解放军。那天是1949年 7月10日，我终于光荣入伍了，被分在苏南军区常州军分区教导大队文化队。

第一次到文化队报到时，部队用面盆盛满了红烧肉招待我们，我们吃得可开心了。没过多久，苏南军区要成立教导团，我被编入了军区教导团第四大队十一中队文化队。在文化队里，我们主要做三件事：一是练习唱歌、读简谱，二是演戏排练，三是作为文化教员要教书。

那时我们部队驻扎在常州天宁寺里，寺庙很大，共有一千多间房屋。我们每天早晨5点钟起床出操，出操后练嗓子，再开早饭。上午听报告，中午休息，下午也是听报告，然后组织讨论，集中学习社会发展史、军事常识、部队生活、马列著作如《共产党宣言》等等。那个时候还参演部队的戏，叫《陈树元挂奖章》，我在里面演了一个角色——反动派的士兵，演戏的经历对我也很有教育作用。虽然我们这里是解放区，国民党军队的飞机还是经常会在寺庙上空空袭。有一次我在河边洗衣服，“咚咚咚”三颗子弹就落在我前面，把我吓坏了。战友们说这就是机关枪扫射，因为一下总是三颗子弹，不过时间久了也就习惯了。

回忆录《在大革命的洪流中》、文学剧本《大浪淘沙》

朱道南、于炳坤题字赠书

文学创作的种子

一年以后，我被分配到苏南军区独立营二连担任见习文化教员。当时太湖地区土匪猖狂，我们部队奉命进剿，没想到一些土匪家属暗地里通风报信，我们刚到那里，土匪立马就跑了。后来我们也用计对付，派几个战士到事发地附近的学校租房，散发大部队要驻扎的假消息，实际上只去了一个班的人。大部队则从太湖边上包抄，围剿土匪。有一天晚上，土匪又来了，我们部队在稻田里顺利抓到了匪首，大家开心得不得了。我把这次事件写成了报道，叫《月下擒匪首》，报道很成功，被刊登在了《苏南日报》上，当时的我欢欣雀跃，很受鼓舞。现在回想起来，可能就是因为这次成功的报道，播下了我从事文学创作的种子。

1952年，我转业到上海市房地产管理局，主要从事工会和宣传工作，先后担任过工会宣传干事、局长秘书。这其间，最使我难忘的是我入党时，老支书握着我的手，对我的一次教育。他说：我们是同志了，是为共产主义奋斗的同志，从今以后，你要活得精神些，不怕任何困难，奋勇向前。他的教导使我受益匪浅，我一直铭记着。

“七稿八稿又九稿”

1958年，上海市委号召老干部写革命回忆录。我们市房管局当时的书记叫朱道南[1]。他是一位资深老革命，1924年考入了山东省立第一师范，1926年投奔革命，1927年就已经入党，带头闹过学潮，上过中央军事政治学校，参加过广州起义，曾是鲁南地区的“传奇式”人物。他组织过抗日武装，领导过四支抗日游击队，其中包括著名的铁道游击队。他历经过革命的低谷和高潮，也曾在枪林弹雨中不畏牺牲，奋勇向前，写他的回忆录内容非常丰富，定能使很多人受到教育。但朱书记年纪大了，让他一个人写回忆录有困难，党委就派人找我谈话，指定让我来帮他写。但我当时也只读书读到初中，文字功底并不好，年轻阅历浅。我怕完不成任务，有畏难情绪。这时领导对我说：“你年轻啊！好好学习，奋勇向前，要活得有精神些啊！怕什么？！”于是，经过思想斗争，我就接受了这个任务。由朱道南口述(以朱道南的亲身经历为素材)，我负责执笔整理。

任务远比我想象的艰苦，怎么个艰苦呢？革命回忆录既要有党史的性质，又要有文学性。为了提高自己，我每天早晨6点去读早大学，主攻逻辑学和语法修辞学，读到9点去单位上班，日常工作照常做。有空时便听朱道南同志口述，我在旁记录，晚上在办公室整理文稿，常常忙到深夜11点多才回家休息。就这样一边听一边记一边整理，收集积累相关素材，努力了三年。上海市作家协会知道了这事，派来了一个联络员，还带来了速记员，帮助我一起整理文稿，我则更多地负责改编成文章。

我们本来打算写一本书，但是写了好久无果。市作协秘书长任干询问编写进度，了解情况后，他提议先不要写书，重点写一篇最感动人的文章，成功了以后再一篇一篇写。我们接受了这个建议，先写了《回忆广州起义》。前后连写了九稿，别人都说创作艰难，要“七搞八搞”才行，我搞了九稿。怎么就九稿了呢？一稿写好以后，请市作家协会联络员审读，他提出意见我修稿后，再请《上海文学》编辑部修改，最后由市作协党组讨论，我再修改，前前后后改了九稿。

为了写好回忆录，我开始大量阅读文学书籍，重点学习研究《红旗飘飘》丛书等革

①1984年“按上海市副市长级待遇”离休。

《大浪淘沙》剧照 ——北伐军胜利进军使青年们激动万分

命回忆录文章。作家协会党组又专门找了《上海文学》主编——老作家魏金枝帮助我，先后又写了《红四师奔向海陆丰》《湘江逆流——马日事变追忆》《走向革命》等，发表在《收获》和《上海文学》上。后来又汇编成《在大革命的洪流中》一书。1962年出版后，好评如潮，大伙儿高兴得不得了。

两厂争夺拍摄权

好事还在后头。1962年，有两家电影制片厂要来将书改编拍成电影，一家是八一电影制片厂，另一家是珠江电影制片厂。八一电影制片厂执导影片《林海雪原》的导演刘沛然带了一个编辑来改编，原来是找朱道南，他没空，党组就决定让我去。我和他们讨论该怎

《大浪淘沙》剧照，史进(左)扮演赵锦章，于洋(右)扮演靳恭绶

么样改编，电影怎么拍，让我执笔。前后谈了两个月后，导演觉得可以开始写剧本了。我正要动手写剧本，忽然珠江电影制片厂派人来，说领导指示要他们拍电影，我说八一厂怎么办，人家已经来了两个月了，我们没法做主，只好等上面决定。只过了几天，八一电影制片厂忽然电令导演和编辑回去，说题材让给珠江电影制片厂了。

这里面有一个故事。当时的中央宣传部负责文艺的副部长周扬看过《在大革命的洪流中》，他告诉珠江电影制片厂的导演伊琳，说这书可以改编成电影，你们马上改。珠江电影制片厂立刻做了改拍电影的计划。但是当时八一电影制片厂已经在改了，怎好插手？于是他们向时任中南局第一书记的陶铸打报告，希望八一电影制片厂转让拍摄任务。陶铸支持珠江电影制片厂，怎么支持呢，他写了一封信给时任解放军总政治部(八一电影制片厂归其管理)主任肖华，说珠江电影制片厂是新厂，对这个题材很感兴趣，请八一电影制片厂把电影让给新厂，以老带新。陶铸和肖华过去都在四野工作，两人熟悉。肖华马上批示，把电影让给珠江电影制片厂，于是八一电影制片厂给导演和编辑下了调令。珠江电影制片厂的导演伊琳带来了改编电影的新提纲，还是让我执笔。于是动起手来，前后三年，我两次到广州修改剧本。广州天气那个热啊，身上出的汗都成油了。

我不懂电影，执笔写剧本是很困难的。但我没有打退堂鼓，这次记住了：要活得精神些，奋勇向前。在此其间，导演伊琳对我帮助很大，时常带我去看电影，边看边讲电影的有关知识。

支持自上而下

剧本基本完成后，却没人敢拍板拍摄，因为没有人了解这方面的历史。当时电影界的权威领导夏衍和曾在影片《烈火中永生》中饰演江姐的女演员于蓝有事来广州，夏衍看了剧本后找我们谈话说，这个剧本不错啊，他最后从四五个片名当中确定了电影名为《浪淘沙》，我想了想，建议再加一个字“大”，叫《大浪淘沙》，他们都同意。夏衍点头，电影就确定开拍了。

导演伊琳拍板让于洋演男主角靳恭绶，我问为什么，他说别人叫不动他，我叫得动他，因为我是于洋的入党介绍人。于洋那时候很火，在哪里拍电影哪里就轰动。之后，又有湖南省话剧团优秀青年演员刘冠雄(扮演余宏奎)，著名诗人、作家白桦的夫人王蓓(扮演谢辉)等人的加盟。这部影片的演员阵容比较整齐。

那时候各方面对拍电影都很支持。当时需要拍汉口关于江海关租界解放等画面，但实地拍摄是在天津。天津很支持，有关方面下令予以帮助，半条街临时封闭，不予通行，还派出天津艺术学院最好的演员来当群众演员；在广州拍两个青年人争论国民党和共产党谁好的画面时，群众都是中山大学的学生演的，时届冬天，天气很冷，后景有两个女演员在洗头，戏拍了半天，女演员就洗了半天的头，非常支持。

拍到最后，太辛苦了。于洋有一场戏，那段戏描写的是“马日事变”中余宏奎杀害了教官赵锦章，靳恭绶(于洋饰演)背着中弹的赵老师和顾达明一起从地下室出来，靳恭绶把仓库的铁栏杆拽开，人从里面出去。铁条是用胶皮管子做的，里面是铁丝。于洋非常用力地拽，头朝下，用力过猛，一下子晕过去了，大家急坏了，赶紧把他扶起来，结果他眼睛看不见了。马上请名医看，还算好，医生看了后说没关系，休息两个月就能好。

最艰难的时刻

这个时候，我们又开始修改剧本了，到处听意见。这时电影还有一个开头和一个结尾没有拍，基本可以看清故事了，被称为样片。许多领导看了样片，这时忽然出现了两派意

《大浪淘沙》剧照——赵锦章提醒靳恭绶和顾达明要提高革命警惕

见，我遇到了一生当中最艰难的时候。

一位职务很高的领导看了样片后，作了一个批示：“你们胡编，不要改了，写个检讨吧。“我看了批示后，思想斗争很激烈，就此写检讨停手吗？已经花了很多年的心血呀！怎么办呢，不是应该要求自己活得精神些吗，我也是共产党员，我应该写申诉，直到党中央！我正在酝酿写申诉，这个时候国务院副总理兼中南局第一书记陶铸看了样片，他表示很不错，还提了一些修改意见。珠江电影制片厂很为难，决定请周总理看，他们向周总理汇报了双方的修改意见，周总理听后想了想，指示说，你们按照陶铸的意见修改好了。大家听了很高兴。

周总理指示按照陶铸的意见修改。陶铸亲自到珠江电影制片厂来过一次，召见了厂领导、导演和我，详细询问了情况，说：周总理说按照我的意见修改，就是要我对这个电影负责，你们有困难尽管提出来。我建议你们到湖南长沙去一趟，将剧本一段一段读给政协委员听，有什么不符合历史的请他们提出。我们去了长沙，在40℃的高温下读剧本听意见，政协委员们个个认真负责，我们深受感动，马上修改剧本。那时天气实在太热，我就在浴缸里冷水浸一会，再坚持把剧本改好。

刚好两个月过去了，于洋的眼睛也休息好了。准备继续拍摄，但是许多演员因为下乡参加“四清”运动，回来都饿瘦了，拍出来的片子与过去的镜头不一样，接不上。陶铸特批每人[illegible]斤花生米，一天一只鸡蛋，补充营养。

完成意见的修改后，陶铸就说：“你们大胆搞，有什么问题我负责，没什么了不起的！”陶铸有些意见也很难修改，其中一个是将电影结束在广州起义。这个意见直接导致前1/3的影片没用，还要花大价钱铺设背景，所以我们想将片尾结束至秋收起义。陶铸说你们这个办法好，就照你们的意见改，改好了我再看一遍。真是碰上了一位好领导！这样我们就放心大胆搞了。

其实电影中也有一些滑稽的地方，好比打人啪啪响，实际打在人背后的板上；轮船上的镜头很多都在阳台上拍的，竖两根棍子，把海面上的镜头接上去。周总理看了样片就有一个意见，你们没有拍长江啊，这是海边，一眼就看出来了。我们马上去长江补拍了镜头。

于炳坤生活照

跨越十余载的首映

到了1965年电影全拍好了，还没来得及放映。因为“文革”，我遭到了批判，下放到南京劳动改造。

电影只印了两个拷贝。一个送到陶铸那儿，他说现在电影不能拿出来，再好的电影也会打成毒草，把它送到山里去(陕西临潼一个仓库)。另一个拷贝被造反派抢去了，到处批到处放。后来电影被收回，交给了杜鹃山剧组，作为《杜鹃山》的参考片。因为《杜鹃山》这部戏也讲1927年，和《大浪淘沙》同一时期。

直到1976年“四人帮”垮台后，我才被调回上海。那时候老是放那几部样板戏。有一次中央开会，有人提议，电影界能不能提供一些新的东西，老是样板戏，我们也得看点别的电影吧，要拿出点新东西。之后第一部放的就是《大浪淘沙》，获得一致好评。据于洋说，这是建国以来票房最高的一部电影。

我听说《大浪淘沙》放映后，买了100多张电影票，请同事和亲友们一起去电影院观看。后来电影厂还给我寄来了一个拷贝，说你为这电影受苦了，被批斗许多次。现在你就用这个拷贝，去批斗你的地方放!

后来我被安排到北戴河休养，碰巧遇上某火箭发射中心的一位副总工程师也在那儿休养，大家熟悉后，他拍着我的肩膀说，老兄，你写的《大浪淘沙》真好，现在到处都在大浪淘沙，不进则退啊。我说《大浪淘沙》就是要人活得精神些，奋勇向前。他说对头，人就是要活得精神些!

(后期整理：杨慧如)

回首一百年，感恩新时代

张兰球

采访时间：2019年7月19日

（儿子张国强转述）

张兰球，1919年8月出生，浙江临海人。1934年起在上海明昌电料行、江南造船所、上海英商电车公司、第一运输处上海修理厂等处工作，电工。上海解放后，公营苏南汽车修理厂任职期间，攻克了多个重大技术难关。其中，创新改造发明的大功率水银蒸馏充电器获业界高度评价，1950年8月荣获“特等功臣”奖状和奖章。1950年9月被评为上海市第一届劳动模范，应邀出席了上海市劳动模范大会，受到上海市市长陈毅、上海市总工会主席刘长胜等领导接见。1951年4月加入中国共产党。后在江苏省交通厅驻沪办事处汽车修理厂、市公用局研究所公交公司技术科、上海市小客车修配厂、上海货车制造厂等处任职。1979年退休。退休后，长期担任汽车厂技术顾问。

今年是新中国成立70周年，过几天也是我爸爸100周岁生日，都很值得大庆。今天，很高兴有机会在我父亲面前，为大家聊聊他工作和生活上的一些故事，讲讲他为新中国的汽车交通运输事业做出的一些贡献。作为儿子，很骄傲，也很自豪。

刻苦钻研　为业至精

我爸爸出生于浙江临海一个贫苦农村家庭，小时候跟着奶奶一起生活，在白茅岭地区干农活。因家乡生活艰难，为寻找出路，他十几岁便投靠远房亲戚来上海滩闯荡世界。

刚来上海的时候，爸爸借住在亲戚家，因为人长得比较瘦弱，一时找不到工作，闲了约大半年时间。后来他跟着别人到电料行当学徒，尽管当学徒的环境十分恶劣，吃尽苦头，可爸爸毫不在意，跟着师傅苦学电工技术，很快就熟练掌握了电工应用技巧与操作技能。从此，爸爸也跟电打了一辈子交道。

出师后，爸爸在上海民生电料行、江南造船所、上海英商电车公司、第一运输处上海修理厂等很多家公司当过电工。在那个动荡的年代里，养家很不容易，工作换了一家又一家，但爸爸凭着自己过硬的电工本领，还是在上海扎下了根。

上海解放后，爸爸当时所在的第一运输处上海修理厂改造转制，隶属于江苏南京的公营苏南汽车运输总公司(今苏州汽车客运集团)，厂址在上海闸北。在那里，他的特长是电工、机工。在那时，爸爸全身心投入工作和学习中，不断积累车辆检修、保养方面的技术经验，坚持利用休息时间刻苦钻研各种型号的车辆检修、维护和保养方面的新技能。

新中国成立之初，百废待兴，恢复生产成为国家的当务之急，大规模经济恢复和建设时期需要各种原材料。然而，不甘失败的国民党对新中国实行军事封锁，极力阻挠新中国恢复和发展经济，企图把新中国扼杀在摇篮之中。

“反封锁、反禁运”斗争就意味着一切都需要独立自主，自力更生。生产建设对物资运输需求很大，交通运输任务很重，但旧上海留下的只有路边废旧待修的汽车。受当时社会和生产的限制，汽车电器老化后经常会出现自燃、熄火等状况，导致汽车运输量和维修保养跟不上，日趋低下的出车率严重影响当时繁重的生产运输任务，亟待花大力气对车辆

群众争看首届上海劳模的拥挤情形(1950.9.10)

检验、测试、维修、保养等方面进行技术改造，这也是摆在父亲他们这些汽车维修技术工人面前一项政治任务，光荣而艰巨。

1949年，我爸爸刚好30岁，年轻有为正当年，精力充沛，也很能吃苦。他满怀抱负，立志要竭尽所能，为新生的中华人民共和国奉献青春，为改造旧上海、建设新上海贡献力量。

攻克难关 屡创佳绩

我爸爸说，当时他所做的这一切，为的是对党对国家报答恩情，同时以此作为他自己人生目标的一个新起点。

那时候的爸爸一心扑在工作和学习上，除了工作就是学习，除了加班还是学习，几乎

1950年8月荣立特等功臣奖状

张兰球的公营苏南运输公司特等功臣奖章(1950)

每天都是起早贪黑。在生活上，他把照顾孩子的任务全部交给我母亲，把厂当成家，每天吃过晚饭后便回单位义务劳动，钻研汽车方面的原理和技术；在工作中，他充分发挥专长与聪明才智，克服重重困难，开展技术革新和技术改造。爸爸精通各种电工操作和汽车维修技术，甚至常常还带电操作，日日夜夜在厂里检验并抢修各种损坏车辆，不计时间，不图回报。工厂巡查只要发现厂子里的灯还亮着，准能看到我爸爸张兰球在车间里。每次回忆起那段日子，爸爸就会笑得很开心。

通过不懈努力和坚持，爸爸一举攻克了多个对汽车电瓶修配和影响生产车辆运行以及运输车辆运转的重大技术难关。特别是爸爸在国内有关高校和科研机构的大力支持下，大胆创新改造，发明了大功率水银蒸馏电瓶充电器，将原来每晚只能为2只汽车电瓶充电一下子提升到每晚可对上百只汽车电瓶进行充电，车辆电瓶充电数量得到极大提升，工作效率亦同步提高了上百倍，保证了生产运输车辆每日的正常运转和调度运行。此后，车辆出车率直线上升，交通运输量大大提高，汽车运输业面貌完全改变。当时，这项创造发明不仅得到了交通运输业、车辆维修业上级单位各级领导的高度赞赏，也得到了同行和车辆驾驶员师傅的广泛认可。

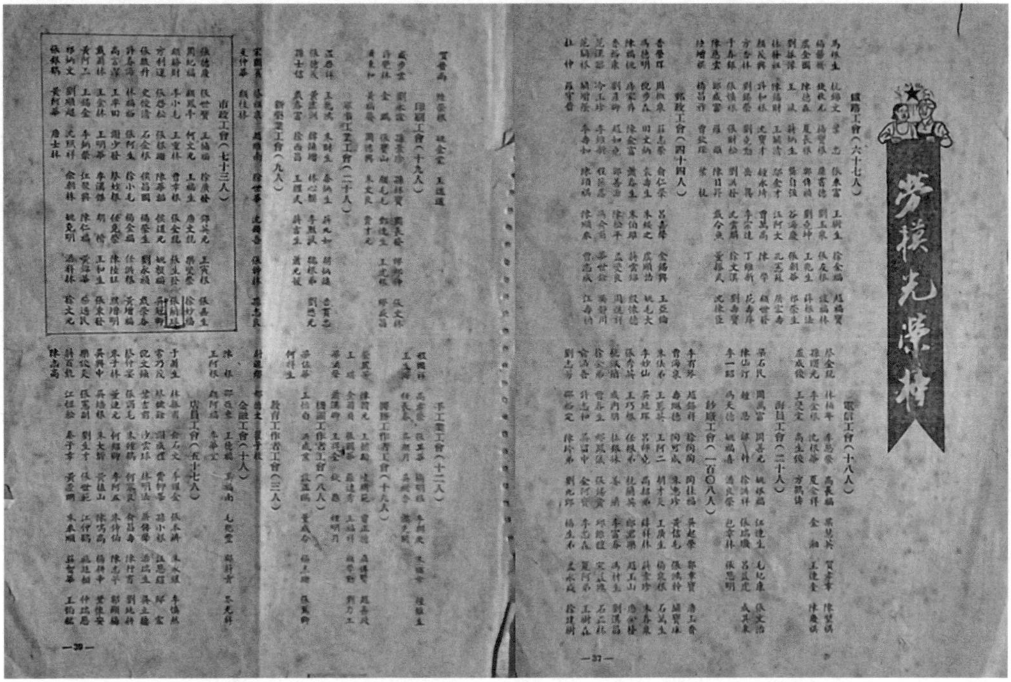

1950年9月10日，上海首届劳模光荣榜名册(左上标记处为张兰球)

在为新中国汽车工业发展做出贡献的同时，爸爸也取得了自己人生中第一份成绩单。1950年8月，爸爸荣获公营苏南汽车运输总公司“特等功臣”奖章和奖状。同年9月，刚过31周岁生日的爸爸又被评为第一届上海市劳动模范，并受邀出席了劳动模范大会，受到市长陈毅和市总工会主席刘长胜等领导的亲切接见。小时候经常听爸爸说起那段光荣岁月，爸爸兴奋、激动、喜悦的心情溢于言表，我们兄弟姐妹也很受激励。爸爸当年获奖的证书、奖章和出席上海市首届劳模的出席证等至今都保存得很好。

1951年4月27日，是我爸爸引以为荣且毕生难忘的日子。这一天，爸爸经中共上海市北站区委党组织批准，正式转正为中共党员，从旧社会受欺压的产业工人变成了新社会生产建设的领军人。从此爸爸更是不忘初心，牢记使命，用更出色的工作表现向优秀共产党员看齐。

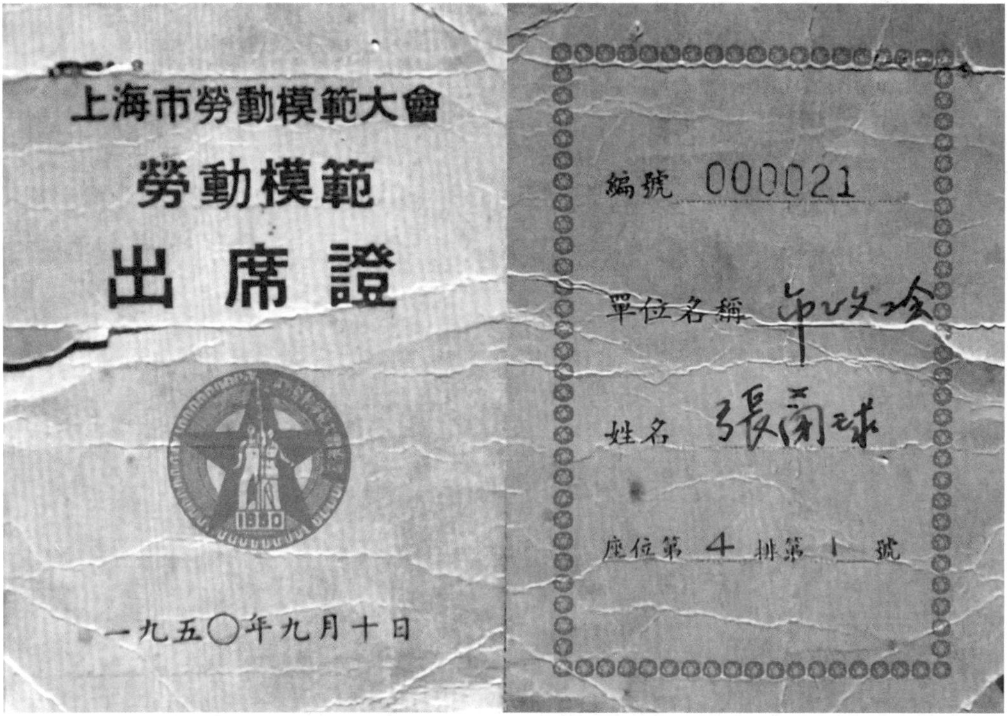
上海市勞動模範大會
勞動模範
出席證
一九五〇年九月十日

編號 000021
單位名稱 市政工会
姓名 張蘭球
座位第 4 排第 1 號

第一届上海市劳动模范大会劳模出席证(合)

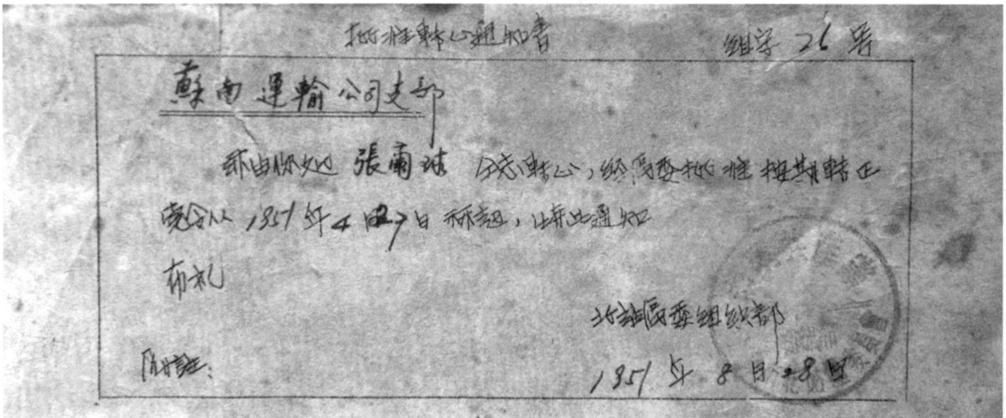
批准转正通知书　组字 26 号

蘇南運輸公司支部

你处 張蘭球 同志转正，经区委批准转正，党龄从 1951 年 4 月 7 日算起，特此通知

布礼

北站区委组织部

附注：　1951 年 8 月 28 日

1951年，张兰球的入党转正通知书

红色家风 代代相传

我爸爸对党忠诚，正直善良，老实厚道，一生清贫。当时，父亲所在的单位工会每年都会对生活困难的职工家庭给予经济补助。但我爸爸就是这样的人，他既不会向单位工会开口申请帮困互助金，也从来不向组织领导伸手求援，他觉得要把这样的机会让给其他更困难、更需要帮助的同事。

新中国成立初期，我爸爸的月工资103元，这在当时的上海已经算高工资了，可家里吃饭的人多，开支很大，母亲家庭主妇，没有收入，仅靠父亲他一个人的工资要养活全家8口人，经常入不敷出，吃不饱穿不暖。在生活最窘迫的时候，爸爸无奈之下，曾把家中仅有几套稍微像样一点的衣服拿去典当，贴补家用。记得有一年冬天，我在上海南市区方西小学读书时，还曾因饥寒交迫昏倒在地。每每回忆起当年的艰苦岁月，就会非常感慨。

记得还有一年寒冬，爸爸单位工会负责同志来到我们家实地了解家庭生活情况时，爸爸事先要求我妈妈和全家人不准开口求助。当工会领导看到我们全家8口人挤住在一间房子里，又见我们六个子女身上破旧单薄的棉衣时，当时就感到惊讶。当他再伸手摸了摸我们家十分单薄的被褥时，忍不住当场落泪，最终还是不顾我父亲的反对，为我们家申请了有限的职工帮困互助金。

作为一名老党员，爸爸还经常跟我们讲中国红色革命历史，对我们平常的教育也非常严格。由于从小受到父亲影响，我大哥当年积极响应党和政府号召，报名参加支援云南三线军工建设；我二哥因照顾家里生活困难而放弃上大学改读中专(上海船舶学校)，参加工作后又通过业余工大自学考试，毕业后一直留在安徽芜湖；我三哥在爸爸的大力支持下，也积极响应国家号召，主动要求上山下乡，到安徽淮北农村接受锻炼，后来上调安徽当地铁路局，成为一名铁路工人，直到1986年调回上海，进入闵行自来水厂；我姐姐之前在上海绒布厂工作；我作为老五，先后就读上海市轻工业专科学校和上海教育学院，毕业后从事过职业技术教育工作，后担任上海华明机械厂副厂长；我六弟则是顶替我父亲进了上海重型机械工厂，继承了爸爸的事业。全家六个子女在我爸爸的教育引导下，继承革命家风，都本本分分地工作，老老实实地做人。

在爸爸的教育和影响下，爸爸的儿孙们，包括我本人在内，有4人加入了中国共产党。我的儿子张一帆是个90后，在上海市延安中学高中期间担任共青团干部，并被吸收入党，是个学生党员。对此我爸爸十分高兴，兴致勃勃地带上我们父子俩一起参观瞻仰了中共一大会址，并留下来一张弥足珍贵的合影。在祖父谆谆教导和殷殷期望下，我儿子通过自己的努力，考入上海大学，并在本硕连读期间获得学校“三好学生”称号和多项奖学金，后被学校推荐到法国学习深造，现已取得硕士学位。

祖孙三代党员在中共“一大”会址合影留念(2016)

初心如一 知恩感恩

爸爸今年已经100岁高龄，行动不便，已基本丧失了听力，尽管平时配戴助听器，但作用不大。因此，我们会用笔写在一本专用记录簿(迄今为止已经写满了厚厚两大本)上，再让爸爸自己用放大镜看完后作答，以此沟通交流。但即便如此，他仍然坚持参加每月20日的党内组织生活，总会提前一天在家自己洗好澡，次日一早穿戴干净整洁地下楼去参加活动，从不脱节，党性特别强。即使是听不见或听不清周围同志们的讲话发言内容，坐在会场内看看对爸爸而言也是非常开心的一件事。

爸爸热爱祖国，热爱党，知恩感恩。作为一名近70年党龄的老党员，爸爸始终保持勤俭节约，艰苦朴素的良好作风，平时连买一件新衣服都不太舍得，总是说眼下还有还有，这辈子穿不完。但是，每当国家发生重大自然灾害时，他总会在第一时间主动去居委会捐款捐物，奉献自己的爱心。2008年5月12日汶川特大地震灾难发生后，我爸爸带头一次性捐献了500元，之后又陆续多次为地震灾区的重建主动捐款捐物。

我爸爸一直跟我们表示，他当年为汽车行业和上海的建设发展仅仅只是做出了一点点成绩，却得到了很多的荣誉和全社会的关爱。一直以来，逢年过节，市、区和街道各级党政工团群领导、居委干部，包括周围志愿者和邻居，都会经常上门探望慰问，主动提供各种帮助，照顾生活起居。爸爸所在居委还为他老人家指定了“一对一”的社区志愿服务工作者，每天定时送牛奶。爸爸爸始终铭记党和政府以及社会大家庭的关怀与帮助，点点滴滴，爸爸都看在眼里，记在心里。

2017年的新春佳节，爸爸还给所在居委会特意送去了一封致谢信。他在信中说：“独居老人，并不孤独；高龄党员，组织温暖常在身边；居委邻居，就像是我的亲人！”百岁的爸爸，经历了旧社会的贫穷与黑暗，参与了新中国的建设与发展，享受着新时代的安定与富强，希望爸爸继续健健康康，笑口常开。

张国强在父亲张兰球百岁生日合影留念(2019)

2019年8月2日，市长应勇祝贺张兰球百岁生日礼物

采访过程中，问及老人当年获得劳模荣誉后的感想，张兰球老人喜悦之情溢于言表，仿佛又回到那时的情景："我做工作是做得很好的，没办法想办法解决问题，不怕困难，白天黑夜只知道做。后来评上劳模，到杭州屏风山工人疗养院休养，围着西湖游玩时，所有人都冲我们喊着'向工人阶级学习！向工人阶级学习！向工人老大哥学习！'心里面很开心的。"

2019年8月2日，恰逢张兰球老人百岁华诞，上海市市长应勇派人送去了"祝贺张兰球百岁生日"纪念牌，采访小组代表黄浦区档案馆也到老人家中送上生日祝福，一起为老人祝寿。张老兴奋不已，为我们写下了"热爱共产党"五字作为自己的心声。

(后期整理：黄凤芳)

父亲谢棣华的无线电波人生

谢小棣

采访时间：2019年7月27日

谢棣华，1920年2月生于英国伦敦，中英混血。1927年2月随父母来到上海。1938年进入上海圣约翰大学学习，中途退学。曾在苏州合伙开无线电修理铺，后在英国人开办的X光医疗器械设备公司任职，在上海公共租界巡捕房担任巡警、警长。1943年赴苏北抗日根据地，投身革命。1945年回到上海，加入张困斋、秦鸿钧所在的中共上海地下斗争组织，担任秘密电台机务工作，设有个人业余电台。新中国成立后，调入中国人民解放军总参谋部第三部，长期从事无线电技术侦察工作。1955年中国人民解放军首次授衔开国陆军少校。离休后，担任上海业余无线电运动协会第一届委员会副主席，参与了上海第一个业余电台和第一个业余无线电俱乐部电台的开设和初创活动。2000年2月29日病逝。

我的父亲谢棣华，1920年2月出生于英国伦敦。他长着标标准准“外国宁”的面孔，黄头发，白皮肤，高鼻梁，蓝眼睛，上海公共租界巡捕房警长。他也是“的的呱呱”的上海人，中共地下党员，开国陆军少校，全军著名无线电专家，革命离休干部。他又是上海业余无线电运动协会元老，深受业余无线电爱好者(HAM)尊敬的“老火腿”。有着颇具神秘色彩的传奇般的人生故事。

讲述我父亲的故事，先要从我祖父谢应瑞说起。

伦敦到上海

我的祖父谢应瑞1888年出生于湖南衡阳，早年是一个孤儿，被教会收养，在英国人开办的育婴堂里长大，曾就读于李鸿章创办的中国最早的公立医学堂——北洋医学堂，又通过考试作为“公费生”留学法国，在巴斯德研究院毕业后到英国继续深造，从此就留在英国。祖父勤学博采，品学兼优，经过多年奋斗，获得英国医学博士学位。

1914年，第一次世界大战爆发，祖父被派到英国战地医院实习。其间，来自中国湖南的祖父谢应瑞与来自英格兰纽卡斯尔的年轻女护士长朱利叶·罗德(Julia Rhodes)相爱了。战

谢棣华父亲谢应瑞

谢棣华母亲朱利叶·罗德(后中)

争结束，祖父回到伦敦，在英伦皇家医院担任医官，因表现出色，成为当时英国皇家医学会唯一的亚裔会员。

谢棣华父母和三弟在宏恩医院(今华东医院)前合影

1919年，谢应瑞与朱利叶在英国伦敦结为伉俪。一年后，他们拥有了第一个男孩。他，就是我的父亲谢棣华。

祖父谢应瑞始终不忘自己是一个中国人，总想着有朝一日能够返回自己的祖国，治病救人，惠泽大众。他心中深藏着的这个美好愿望终于得以实现。

上世纪20年代，祖父谢应瑞带着他的英国妻子朱利叶和我的父亲谢棣华，舍弃了英国舒适优越的生活，不远万里，飘洋过海，回到了中国上海。祖父起初在上海设立诊所开业行医，之后在上海工部局宏恩医院(今华东医院)等很多家医院先后担任内外科医生、总医官、院长等职务，并担任中华医学会董事，还曾在当时国内唯一的国立医学院——国立中央大学医学院(今复旦大学上海医学院)任教，为上海医学事业发展作出了不小的贡献。

从十里洋场到革命根据地

祖父谢应瑞膝下有三个儿子，父亲谢棣华是长子，1920年生于英国伦敦，之后随父母来到上海。

父亲从小就喜欢摆弄各类电气设备，还拆解过家中的小汽车，对电讯器材和光学仪器等颇感兴趣。这个爱好，也让他在此后的人生中与无线电结下了不解之缘。

1938年，父亲谢棣华就读于上海圣约翰大学(今华东政法大学)，但他对法学不感兴趣，坚持了一年多后便退了学，跟着朋友偷偷地跑到苏州开了一间无线电修理铺，不久后被祖父发觉带回上海。回上海后，父亲谢棣华进入英国人开办的一家X光医疗器械设备公司，学习光学仪器的组装、维修、保养等专业技术，不断积累与自我沉淀，为他此后从事秘密电台工作打下了扎实的专业基础。

在那个动荡年代，父亲谢棣华还曾到公共租界巡捕房当过巡警，不久晋升为警长，主要管辖从外滩南京路到静安寺路段。其间，中共地下交通员曹达同志(父亲生前曾多次提起，说他争取了许多同志为我党工作，为中国革命事业做出不小功劳。上海解放后，曾协助国家安全保卫机关破获过内部谍报敌台)开始接触我父亲，和父亲成了好朋友。在曹达的启蒙和引导下，年轻又极富正义感和同情心的父亲心里播下了共产主义真理的种子。

1943年一天，父亲谢棣华因不满侵华日寇对中国人的欺凌，将蛮横殴打他手下的日军曹长打倒在地。事发后，日本人放出风声要杀死他。他被迫脱下警服，离开了巡捕房，四处躲藏。之后，在地下党组织和亲友们的帮助下，父亲谢棣华凭着他那张“外国宁”的面孔和未上缴的巡捕房警长证件，一路躲过了日本宪兵和汉奸特务的盘查，乘船去了新四军抗日根据地，投奔了共产党。

见到光明，找到真理

起初，父亲谢棣华凭着自己纯正流利的英语，在抗日根据地新四军军部担任翻译。记得他老人家回忆：“一次，指挥部一台无线电收发报机发生故障，眼看就要直接影响到一场重要战斗。关键时刻，我说我行。在得到首长许可后，我熟练拆开机壳，用万用表测棒这儿量量、那儿触触，又拿起电烙铁焊了几下。不一会儿，收发报机就传出了清晰的‘滴滴答答’讯号声。我就这样出名了。”此后，父亲成为一名专职技师，利用自己所掌握的光电学原理和无线电通信技术为部队修好不少无线电仪器设备，还为新四军后方医院修复了已损坏的X光机和其他医疗卫生仪器。

父亲的优异表现得到了当地军民的热情款待，住进了被称为“国际饭店”的招待所，还得到了刘长胜(上海工人运动和上海地下情报工作的杰出组织者和领导者，新中国成立后任中共上海市委第三书记、上海市总工会主席等职)同志的接见，希望他发挥所长，为中国革命事业多做些工作。夜深了，父亲对身边的新四军交通员说："我终于在黑暗中，见到了光明，找到了真理，那就是共产党！"

谢棣华

据父亲谢棣华生前回忆：还有一次，数架在日本东京上空投弹后因燃油不足无法返回航母的美军飞机迫降在中国的非日军占领区，其中一架正好迫降在根据地。他一边用流利的英语当起了美军飞行员的翻译，一边把飞机上的无线电装置快速拆下检修，很快恢复了其功用，使得美军飞行员重新与总部恢复了联系。

1945年初，经过考验，父亲谢棣华被批准加入中国共产党，并宣誓成为一名光荣的中共地下党员，开始了他一生追求的共产主义革命事业。

"外国间谍"

抗战胜利后，蒋介石又发动了内战。组织上决定让父亲谢棣华潜回上海。于是，他又风尘仆仆回到了黄浦江畔，加入了以张困斋为其直接上级领导的中共地下斗争组织，担任秘密电台机务工作，主要负责修理、维护和为电台提供零配件。

1946年的一天，父亲谢棣华听说美国远东海军第七舰队驻上海司令部电讯室拟向社会招聘无线电技术员和机要员的消息。他敏锐地发觉，这是党开辟工作的一个大好机会。在得到上级党组织批准后，父亲谢棣华成功打入了美国海军驻上海司令部电讯室。接着，他又利用自己"外国宁"长相、英语流利、家庭背景等优势，和美国海军陆战队军官、大兵们打成一片。美国人先进的无线电装备，在此后"帮"了中共地下秘密电台很多忙。

记得父亲谢棣华后来回忆："那时我公开身份是美国远东海军第七舰队驻上海司令部电讯室高级技师兼机务员，暗地里则是中共上海地下秘密电台工作组成员。"那段时间里，父亲以"双重间谍"身份为秘密电台提供零配件和维修服务，也为中共上海地下斗争组织做了大量情报搜集工作。

为更好地掩护秘密电台，父亲谢棣华还遵照上级党组织指示加入了中国业余无线电协会(CARL)，并取得合法电台执照，开设了属于自己的业余电台，呼号为C1TH，与全国各地业余无线电爱好者进行通信联系和技术交流。既能迷惑敌人，又能搜集情报。

上海市静安区愚园路81号现在是中共上海地下组织斗争史陈列馆暨刘长胜故居。当年，中共中央上海局副书记刘长胜一家住二楼，中共上海地下市委书记张承宗和弟弟张困斋一家住三楼，三楼有个柜子上陈列着一台收音机，它经过我父亲改装后变成了一部收报机，中共上海地下党当年就是靠着它来获取情报的。平时这台收音机的维修保养以及零配件提供也是我父亲谢棣华负责。

那段时间，父亲谢棣华默默地为党工作着，确保了秘密电台的正常工作，保证了中共上海地下党同党中央的通信联络。在他和战友们的掩护下，中共上海地下秘密电台避开了国民党军、警、特、宪的一次次搜捕。

死里逃生

解放前夕，上海地下斗争形势严峻复杂，党员之间均单线联系。秘密电台平日的维修保养和零配件方面问题先由张困斋指派一名交通员来上门收取与转运，再交给我父亲谢棣华来完成。出于安全考虑，父亲与电台报务员秦鸿钧从不见面，他们之间唯一的联络人就是张困斋，接头暗号是放在窗外的拖把。

1949年3月20日上午，父亲谢棣华突然发现窗外的拖把不见了。

“莫非是秘密电台出事了？”

果不出父亲所料，打浦桥新新里(今瑞金二路409弄)电台被敌人破获，电台报务员秦鸿钧、韩慧如夫妇和电台领导人张困斋先后被捕。张困斋的职业掩护所“丰记米号”和家里都已被国民党特务控制。据父亲后来了解到：秦鸿钧在3月17日被捕前，沉着冷静地发出了最后一份重要情报，拆毁电台，烧毁文件，翻越屋顶准备转移，结果被四周早已埋伏的敌人围堵，不幸被捕。此后，国民党反动当局对中共上海地下党组织疯狂追捕与肆虐破

张承宗赠送谢棣华在其胞弟张困斋烈士墓前留影(1979)

坏，父亲曾好几次奉命及时转移，最终化险为夷。

红色经典电影《永不消逝的电波》是根据中共上海地下党秘密电台三位烈士之一李白的故事为主改编的，还有两位人物原型就是张困斋和秦鸿钧烈士，那部电影中也有我父亲谢棣华的身影。同一时期在上海，中共地下秘密电台不止李白发报的那一部，另外还有一部秘密电台。这部秘密电台领导人张困斋，电台报务员秦鸿钧，电台机务员就是我的父亲谢棣华。

关于秘密电台背后的故事，父母生前曾无数次对儿孙们说起。每次讲到革命战友张困斋和秦鸿钧时，都会让在场的所有人潸然泪下。张困斋和秦鸿钧在狱中遭受到极端残酷的毒刑，竹签插脚指、灌辣椒水、老虎凳……但无论敌人怎样折磨和威逼利诱，他们始终坚贞不屈，保守秘密，给其他同志安全转移赢得了时间，最后于1949年5月7日在浦东戚家庙英勇就义，离上海解放只有20天。父亲生前回忆，张困斋和秦鸿钧被捕后，父亲曾动用各种关系设法营救，一度打算指使美军装甲车武力抢人，但被上级党组织否决。潜伏在原国民党上海市警察局的中共地下党的营救计划同样也为减少人员的无谓牺牲遭到上级党组织否决。正因为张承宗、张困斋、秦鸿钧等同志严守中共地下斗争组织政治纪律和工作原则，父亲才得以逃过此劫。

作为昔日出生入死、共同奋战的革命亲密战友，父亲谢棣华无疑是幸运儿。张困斋、秦鸿钧后来被追认为革命烈士，并于1949年举行了隆重的“李白、张困斋、秦鸿钧三烈士追悼大会”。解放后，父亲常带着我们去烈士陵园拜祭，也一直提醒我们要铭记历史，不要忘记我们现在的美好生活都是前辈们用鲜血和生命换来的。

永不消褪的电波情

新中国成立后，父亲谢棣华继续坚守重要岗位，后调入情报部门，长期从事无线电技术侦察工作，还曾在军事学院教授无线电应用技术，研发出国内第一代测谎仪。他是1955年中国人民解放军首次授衔的陆军少校，全军著名的无线电专家。

“文革”期间，父亲因开设过业余电台而遭到迫害，被诬陷为“外国间谍”，下放湖北五七干校劳动改造，历时八年。但他自始至终从未说过任何一句怨言或牢骚话，也丝毫没有动摇他对无线电的热爱。

1975年回到家中，父亲谢棣华虽两鬓斑白，仍不遗余力组织推动恢复上海的业余电台活动。1979年，父亲通过周海婴(鲁迅先生之子，原国家广播电影电视总局副部级干部，业余电台爱好者，曾用呼号BA1CY)和我舅舅陈思明(原中共中央文献办公室副主任)向中央提出的建议得到了邓小平同志的大力支持。1981年，国务院批准在中国重新恢复业余电台活动。

父亲谢棣华的无线电波人生还在延续。

离休后，一听说上海电子学会要开设上海第一座业余电台(BY4AA)时，父亲就和沈明纲同志主动赶去技术指导，辅导英语通话，帮助修理设备。1983年10月12日开台典礼，他一直在场指导。在父亲和沈明纲的牵头下，还成立了上海第一个业余无线电俱乐部电台

谢棣华在指导青少年无线电技术

(BY4AOM)，父亲呼号为BZ4DH。

父亲还担任了上海市无线电运动协会第一届委员会副主席。他把全部精力和时间都扑到了业余电台里，还帮助上海交通大学等许多学校设立了业余无线电台，担任电台顾问，给青少年讲课，指导示范，对外联络。第一次小中风后，他还买了辆小三轮，踏着车到电台坚持活动。父亲废寝忘食的精神也感动了母亲，一起前去助阵，端茶倒水，送饭送菜。

作为副军级离休干部，经济条件不算困难，但父亲非常勤俭，总是穿一套旧军装，到协会参加活动也是挤公共汽车，从来没有报销过一分钱车费。无线电协会工作人员知道他有心脏病，叫他不要太劳累，他总是开朗地笑着说："业余电台活动把我的心脏病治好了。"

父亲和他的"老火腿"(HAM)一起，为我国恢复个人业余电台活动起到了有力的推动作用，在指导上海业余无线电活动，提高电台纵横和无线电技术，培养青少年无线电爱好者(HAM)等方面做出了很大贡献。1992年，国家开放个人业余电台活动。作为上海市无线电

谢棣华夫妇合影

运动协会元老之一的父亲却不幸第二次中风，只能由母亲谢云英(BD4AA)来实现他的夙愿。

2000年2月29日，父亲谢棣华因久患重病长期瘫痪卧床，加上年事已高，心力功能衰竭，虽经抢救终因医治无效去世，享年80岁。遵照父亲他老人家生前遗愿，没有召开追悼会，并捐献出自己的遗体，为医学研究做出最后的贡献。

父亲生前使用过的那部业余无线电台，作为他老人家的遗物，经上海市无线电协会和上海市无线电管理局登记批准后，至今珍藏在家中，现在打开后依然可以操作和日常使用。

“爷爷是我心中的英雄”——谢晖

在父亲的教育和影响下，我们这一辈人也都没给父亲丢脸，孩子们也都很出色。谢晖这个名字大家应该都很熟悉吧，他是我二哥的孩子，长得很帅，足球也踢得很好，高空头球很出名，前国脚，曾在上海申花和德国踢球并都拿过奖，现在上海上港足球俱乐部担任助教。

说起爷爷谢棣华，我侄子谢晖一直觉得很亏欠。2000年他老人家去世时，谢晖因为远在德国踢球没能赶回来送爷爷最后一程。

谢晖是我父亲亲自带大的。他小时候常常在家门口花园里和爷爷一起下棋，听爷爷讲故事。父亲谢棣华给孩子们讲述自己的革命经历，解释原子和电子的区别，介绍巴顿将军、蒙哥马利元帅，还有拿破仑、丘吉尔……对谢晖而言，爷爷的房间里到处都藏着玩不腻的宝贝，爷爷是童年时代最好的老师，也是最崇拜和最崇敬的人。

父亲还教谢晖学英文，带他外出拍照，在家中小阁楼里教他冲洗胶片，辅导谢晖所在的区无线电兴趣小组，教他们学会怎样收发电报，还将家里的电视机拆下来，跟他们讲无

谢小棣(前右一)
的全家福

谢小棣

线频率接收和显像原理。

我至今还记得父亲谢棣华经常对孩子们讲的话：“活着就应当庆幸了，还能穿上军装，又能做喜爱的工作。新中国的成立，上海的建设与发展，我既是亲历者，是见证人，还是受益者，虽然经历过太多的苦难，但比起所有那些永远躺在地下的革命英烈们，我又是一个幸运儿。”父亲谢棣华的革命乐观主义精神以及对无线电事业的热爱和无私奉献精神是留给我们的最大财富。

(后期整理：黄凤芳)

后 记

《黄浦·永不褪色的红色记忆》即将付梓出版，回顾酝酿、采访、整理、校核、成书的过程，编者的心情难以平静。

2019年初，黄浦区档案局(馆)正式启动“红色记忆·口述档案”项目。在全区范围内发放采访人选征集通知，主动协调各方关系，通过走访调研、收集汇总、梳理排摸，筛选出34位采访对象，根据其个人意愿及健康状况，最终确定18位离退休老人作为本项目采访对象。同步组成由黄浦区档案局(馆)蒋璐(前期)、黄凤芳(后期)、杨慧如、安然，中共黄浦区委老干部局王磊、蒋毓婷，上海海派石库门创意发展有限公司陈瀚波、施耀耀、崔小平、周麒等组成的项目采访组。在采访前，根据采访对象主要经历，广泛收集相关信息，查阅相关历史资料，准备采访大纲。

自3月起，项目采访组集中上门开展口述采访，同步采集和征集口述者的照片、信函、奖状、奖章等相关资料。采访至8月初结束，历时5个月。

采访过程中，口述者以亲见、亲闻和亲身经历，为我们说历史、讲革命，重现了老一辈共产党人为人民解放和新中国的成立艰苦奋斗的场景。老同志的讲述情真意切，交织着热泪和欢笑，有的说到动情时还唱起了当年的革命歌曲。原计划于7月底结束采访，得知8月2日是张兰球老人百周岁生日，采访组特意再次登门，集体为老人祝寿。老人家很是开心，激动地写下了“热爱共产党”五字，感动了现场所有人。

采访结束后，我们没有丝毫停歇，加紧对18位采访对象的口述内容、个人简历、相关照片等开展后期整理校核，并采取微信、电话、快递、上门等多种方式进行沟通，递进式开展校核，同步征集每一位口述者亲笔题词。根据口述者提出的修改意见和补充的线索资料，反复查考修正。

由于年代久远，往事纷纭，老人记忆有时会出现模糊和错位现象，口述内容与史实会有些微出入。文稿整理期间，我们查阅了上海市档案馆、黄浦区档案馆馆藏档案，参考了《中共上海党史大事记》《上海法电工人运动史》《黄浦区志》《卢湾区志》《南市区志》《申报》《新民晚报》等史志和旧报，参考了推荐单位提供的资料和口述者提供的书籍、杂志、手稿等，对口述文稿甄别考订，并逐一反馈口述者，共同确认史实，一起审读把关，力求准确无误。为使行文逻辑清晰，主题明确，更具可读性，我们在忠于口述内容的前提下，作了必要的提炼和调整，进行了文字规范化处理。

口述采访项目的顺利实施得到了黄浦区政协办、区商务委、豫园街道等部门单位的大力协助，得到了牛博学、时蔓婷、郑逢燕等老师的协助。在此，向所有参与口述采访项目的单位及工作人员表示衷心感谢！

口述采访和整理校核期间，得到了18位采访对象本人及家人的大力配合，周衍、周起渭、张兰球等老同志主动把任命书、老照片、革命刊物、奖杯等捐赠给黄浦区档案馆，在此，一并向他们表示诚挚的敬意和衷心感谢！

本书的出版也得到了前辈和同仁的热心帮助。感谢许洪新老师、景智宇老师提出的宝贵意见。感谢应明、赵嘉毅、黄坚、沈慧惠、潘婕老师提供馆藏档案，帮助查阅图书报纸。

最后，向其他所有给予本书关心、支持、帮助的单位和个人表示衷心感谢！

本书后期整理校核过程中，整编人员不辞辛劳，不畏酷暑，连轴加班，对文稿再三斟酌，反复修改，倾注了心力。但由于口述内容丰富，涉及面广，编者认知有限，加上时间仓促，难免有错漏之处，敬请知者、识者不吝教正！

编者

2020年4月

《我的 1945—抗战胜利回忆录》

ISBN 978-7-5608-5888-3，496p，170mm × 213mm，定价：78.00 元

一本史诗般的回忆录，全景式记录抗战胜利前后的巨变及其对中国人日常生活的影响。共同见证中华民族百年屈辱的终结，填补民族记忆重要空白。

……大江南北，20 省，30 城，胜利、受降，接管、接收、复员、团圆……近 80 位高龄亲历者的回忆，包括四位百岁以上老人。有伪满长春市长的儿子回忆在长春经历的抗战胜利，有八一五当天从“峨眉山上下来‘摘桃子’”的回忆……南京受降、广州受降、河内受降、石家庄受降、青岛受降、太和殿受降，接管东北、接管台湾、接管包头、接管张家口、接管南京日军仓库……

《抗战胜利·民间影像特辑》

ISBN 978-7-5608-5887-6，256p170mm × 213mm，定价：68.00 元

芷江受降、东京湾密苏里舰签字仪式、重庆狂欢、南京受降、天津受降、北平受降、青岛受降、上海、延安、接管张家口、1945 航拍中国、故宫复员……

160 余幅珍贵影像，呈现抗战胜利的重要时刻，主要城市的受降、庆祝和日侨遣返等，首度披露部分珍贵影像，重回七十年前激动人心的现场，见证中华民族的伟大胜利……

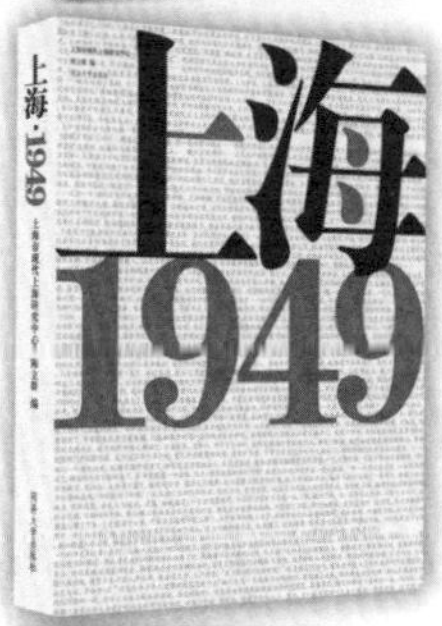

《上海·1949》

ISBN 978-7-5608-8702-9，352p，170mm × 213mm，定价：70.00 元

近 40 万字，44 幅历史照片，24 幅插图，首度公开部分珍稀史料，包括部分日记。

七十年前的那一刻，极大改变了现代中国的历史进程，成为 20 世纪东亚历史的转折点，深刻影响了 20 世纪世界历史的走向。旧时代的结束，新时代的开始，这样一个翻天覆地的变化，值得记录下来。

几十位亲历者的回忆（日记），从民间视角呈现上海这座城市 1949 年的巨变，从社会生活的角度，记录七十年前的巨变对普通人生活的影响，留下鲜活的历史切片。

《1949·影像上海》

ISBN 978-7-5608-8703-6，288p，215mm × 280mm，定价：280.00 元

定格历史瞬间的 260 余幅照片，呈现 1949 年上海各阶层人士的社会生活轨迹，既有反映重大历史事件的场景，又有对普通民众个体的观照，反映七十年前这座城市剧变的状态，保留珍贵的城市记忆。

第一手的历史影像，绝大部分系首度公开发表。